AF330550

LES
DEUX SYLLABUS

OU

LE CATHOLICISME ET LA DÉMOCRATIE

PAR

F. OLIVIER

—

PRIX : **50** CENTIMES

—

PARIS

CINQUALBRE EDITEUR

54, RUE DES ÉCOLES, 54

—

57
949

LES
DEUX SYLLABUS

OU

LE CATHOLICISME ET LA DÉMOCRATIE

PAR

F. OLIVIER

BIBLIOTHÈQUE NATIONALE IMPRIMÉS

PARIS

A. CINQUALBRE, LIBRAIRE-ÉDITEUR

51, RUE DES ÉCOLES, 51

—

1878

PRÉFACE

Un grand orateur s'écriait dernièrement, dans un discours mémorable, après avoir signalé l'envahissement progressif du cléricalisme dans l'enseignement : Voilà le péril social.

Aussitôt, un des membres les plus distingués de l'épiscopat lui répondait : Il n'y a pas de question cléricale.

Avec toute la modestie qu'imposent deux personnalités aussi remarquables et la déférence que commandent deux grands talents mis au service d'intentions également bonnes, nous nous permettrons de rectifier et de compléter, à notre point de vue, ces deux affirmations contradictoires, dans le seul but et avec le désir sincère de porter un peu plus de lumière dans l'esprit de la masse des électeurs qui, par ses votes, tient dans ses mains les destinées du pays.

Nous dirons d'abord au défenseur du cléricalisme : Pardon, monseigneur, il y a malheureusement une question cléricale. On pourrait même dire qu'elle constitue à elle seule le nœud gordien de la situation, attendu qu'elle domine et résume pour ainsi dire toutes les autres.

Nous dirons ensuite au tribun populaire : Le péril social que vous signalez avec juste raison est plus grand que vous ne dites et peut-être que vous ne pensez. La France navigue entre deux écueils dont le plus dangereux échappe à votre vigilance et à votre perspicacité.

A l'aide de quelques réminiscences d'histoire et un peu de logique, nous nous proposons de démontrer :

1º Que, comme institution purement temporelle, la royauté en France est morte, et bien morte; mais que, comme institution moitié civile et moitié religieuse, elle est encore susceptible d'une résurrection passagère, avec l'appui du cléricalisme.

2º Qu'il y a entre la République et le Catholicisme une telle incompatibilité que l'un doit forcément détruire l'autre.

3º Que si le triomphe du cléricalisme nous conduit au rétablissement du pouvoir absolu avec tous ses abus, et à un débordement de fanatisme, sa défaite peut nous précipiter dans une incrédulité encore plus mortelle que le fanatisme lui-même.

Disons d'abord que les expressions catholicisme,

ultramontanisme, cléricalisme et jésuitisme sont parfaitement synonymes, et que si nous déplorons la guerre que le catholicisme a déclarée aux tendances de l'esprit moderne, ce n'est nullement en haine de la religion, mais au contraire parce que nous l'aimons, parce nous voudrions sincèrement la voir aimée et pratiquée par tant de malheureux dont elle est l'unique consolation et que nous savons par expérience que rien n'est plus funeste à l'épanouissement des sentiments religieux que l'invasion de la religion dans la politique, les manifestations extravagantes et provocatrices, l'exploitation de la crédulité naïve et les innovations qui ramènent droit à l'idolâtrie.

LES DEUX SYLLABUS

Depuis près d'un siècle, la France va successivement de la Royauté à la République et de la République à la Royauté, sans pouvoir s'arrêter à une forme définitive de gouvernement. Aujourd'hui encore, les partisans de la Royauté se prévalant de ce que la Constitution républicaine qui nous régit a prévu elle-même le cas de sa révision, entendent bien mettre à profit cette révision pour substituer de nouveau la monarchie à la République.

Ces changements ne s'opèrent que par des crises dont le moindre inconvénient est de porter un préjudice considérable à la fortune publique; leur résultat le plus déplorable est d'irriter et d'aigrir les caractères et d'engendrer des divisions qui vont parfois jusqu'à l'animosité entre des populations obligées d'avoir entre elles des rapports continuels et de vivre sous les mêmes lois.

Les pessimistes prétendent que cette instabilité du pouvoir est le signe avant-coureur d'une décadence irrémédiable, et que la France, devenue ingouvernable, est condamnée à se dissoudre prochainement sous l'action de ses dissensions intestines. Son salut, si salut il pouvait y avoir, ne saurait venir que du hasard ou de la Providence, quant aux hommes, ils n'auraient plus qu'à baisser la tête et se croiser les bras, dans une attitude passive, suppliante et résignée.

D'autres, cependant, ne considèrent pas encore le mal comme incurable et s'obstinent à chercher un remède. Les uns le placent dans un retour aux institutions qui ont présidé à la formation de la nation et à sa grandeur réelle pendant une longue série de siècles. Quelques autres persistent à croire qu'un mélange mieux préparé d'institutions monarchiques et de lois démocratiques conviendrait mieux au tempérament actuel de la nation. D'autres enfin, s'imaginant qu'il suffirait de maintenir l'ordre matériel par la force brutale, espèrent tout de ce qu'ils appellent un pouvoir fort, s'appuyant d'une main sur une épée et de l'autre sur un casse-tête.

Ceux-là sont les empiriques.

Quant aux théoriciens qui remontent aux causes génératrices, ils soutiennent avec l'énergie d'une conviction raisonnée, que ces crises successives ne sont nullement un signe de décadence et de mort, mais au contraire une preuve de vitalité et les diverses phases d'une transformation progressive qui cessera d'être laborieuse et stérile pour devenir calme et féconde lorsque le principe de la souveraineté nationale sera appliqué sans restriction ni mélange.

En un mot, les royalistes accusent la Révolution d'être la première et unique cause du mal dont souffre la France depuis qu'elle s'est soustraite au régime monarchique pur, tandis que les républicains accusent les royalistes d'épuiser la nation en s'obstinant à vouloir lui imposer un régime qui lui est contraire, et d'entretenir śon mal, les uns par aveuglement et les autres dans un simple but d'égoïsme personnel. Dans nos discussions politiques, nous cherchons moins à nous instruire et à convaincre les autres qu'à leur imposer nos idées; de là vient que ces discussions dégénèrent si souvent en disputes et que les opinions de la masse ne sont qu'un amalgame de préjugés et d'habitudes invétérées, d'illusions et d'aspirations vagues sur lesquels la froide raison n'a pas encore projeté sa lumière vivifiante.

Quant à ceux qui ont fait serment de haine à la royauté, ils ignorent généralement en quoi elle diffère de la République, sinon quant à sa forme extérieure, du moins en ce qui touche aux principes essentiels sur lesquels elle repose; leur haine est plus instinctive que raisonnée. Pour la masse de ceux que le suffrage universel a fait électeurs, ils suivent volontiers l'impulsion du moment, le vent qui souffle, et se rangent docilement du côté du plus fort, sauf à voter le lendemain dans un sens contraire, fût-ce même pour abdiquer à perpétuité un droit qui n'a été conquis que par des luttes séculaires et que l'on n'a pas même le droit d'aliéner pour soi-même et encore bien moins pour les générations à venir.

Une nation a toujours le gouvernement qu'elle veut. La tyrannie elle-même ne peut exister que chez les peuples qui ne savent pas vouloir être libres. Celle qui s'impose par un coup de force n'a qu'une durée passagère; elle ne peut durer qu'à la condition expresse de corrompre l'opinion publique dans un sens favorable à son maintien.

1.

C'est pour cela que les révolutions ne sont pas l'œuvre d'un jour, mais le travail accumulé de plusieurs siècles ; il faut qu'elles soient accomplies dans les idées avant de se traduire dans les faits.

Mais quelle que soit la forme du gouvernement, l'esprit humain est sans cesse à la recherche du mieux, du meilleur et du plus beau. Le Juif-Errant, dont on a fait la personnification symbolique du peuple Juif, représente infiniment mieux l'humanité dans sa marche continuelle à la poursuite du progrès. Les hommes peuvent quelquefois enrayer cette marche pour un instant et sur certains points, mais il est infiniment au-dessus de leurs forces de l'arrêter d'une manière absolue et générale. Lorsque rien ne s'oppose au développement continu des transformations, le progrès s'accomplit naturellement, sans secousse et presque à l'insu de la société ; mais si un pouvoir quelconque est assez puissant pour opposer un obstacle à l'application des réformes arrivées à leur état de maturité, les changements qui se sont opérés dans les idées se traduisent par des explosions qui prennent le nom expressif de révolutions.

Lorsque les révolutions sont simplement gouvernementales, lorsqu'elles n'ont pour but qu'un changement de souverain ou de dynastie, elles n'ont pas la gravité qu'elles atteignent lorsqu'elles deviennent politiques, c'est-à-dire lorsqu'elles portent sur la forme même du gouvernement.

Les révolutions sociales sont en quelque sorte un bouleversement général de l'organisation sociale tout entière ; elles atteignent à la fois le pouvoir, l'organisme social, sa législation et jusqu'à ses croyances religieuses.

La Révolution française de 1789 a eu ce caractère exceptionnel et grandiose ; toutefois, elle a posé la question religieuse sans la résoudre, et le retour offensif du clergé l'a ramenée à l'heure présente au point où elle était il y a un siècle, à très-peu de chose près.

Nous allons jeter un rapide coup d'œil sur les origines des royautés en général et en particulier sur l'origine de la royauté en France. Nous la verrons dans sa marche ascendante jusqu'à la concentration du pouvoir le plus absolu entre les mains du roi, et ensuite nous la suivrons pas à pas dans sa chute jusqu'au moment où elle cède définitivement la place à la souveraineté nationale rentrant en possession de ses droits et les exerçant directement.

Mais, préalablement, nous croyons qu'il est nécessaire pour la clarté de notre raisonnement, de nous approfondir sur la signification d'un mot que tout le monde prononce, les uns avec un profond sentiment de respect, et les autres avec une crainte mêlée de haine.

Qu'est-ce que la Liberté ?

Un philosophe allemand, Kant, a défini la liberté : le droit de faire tout ce qui ne porte pas préjudice à autrui.

Cette définition est exacte en tant qu'elle s'applique à la liberté purement morale, mais elle est insuffisante si on considère la liberté dans son acception la plus étendue, dans son essence.

Ce qui constitue le caractère distinctif de l'homme, ce qui le place au-dessus de tous les êtres de la création, ce n'est pas seulement la raison qui lui fait connaître ce qui est beau, la conscience qui lui dit ce qui est bien, et le cœur qui le porte à aimer le beau et pratiquer le bien ; c'est surtout cette faculté qui lui a été accordée de faire le bien ou le mal, selon sa propre volonté, afin qu'étant libre il ait la responsabilité de ses actes.

L'homme est essentiellement libre par nature. La liberté est son élément constitutif et nécessaire. Privé de sa liberté, l'homme ne serait plus l'homme, il ne resterait qu'un animal plus ou moins intelligent.

Sans la liberté il n'y aurait pas de responsabilité, sans responsabilité il n'y a ni mérite ni démérite, et sans mérite il n'y a pas d'autre morale que celle qu'inspire la crainte du gendarme, et par conséquent nulle société possible.

La liberté est tellement dans notre nature, que nous ne voulons pas des choses qui nous sont imposées, fussent-elles les meilleures, parce que pour les accepter il faudrait faire le sacrifice d'une chose infiniment plus précieuse, d'une parcelle de notre liberté.

N'est-ce pas le besoin irrésistible de l'homme de défendre sa liberté qui le fait courir au-devant de la violence, qui donne des adhérents à toutes les croyances persécutées et féconde le sang des martyrs ?

Notre prédilection pour ce qui n'est pas permis, pour ce que nous appelons le fruit défendu, est-elle autre chose que le désir de faire acte de liberté en transgressant une défense ?

Souvent on revendique le droit de faire une chose sans nul désir de la faire, uniquement pour maintenir un droit contesté.

Ce qui donne tant d'attrait au pouvoir, c'est la faculté qu'il donne à ceux qui l'exercent, de conserver toute leur liberté et d'empiéter sur celle des autres; c'est aussi l'abus qu'ils font de cette faculté qui cause leur faiblesse et leur ruine. Le pouvoir est moins agréable, mais infiniment plus fort, lorsque les dépositaires de l'autorité subordonnent leur bon plaisir à l'intérêt général et donnent les premiers l'exemple de la soumission aux lois.

Une des plus grandes causes de nos malentendus est la confusion que l'on établit entre la liberté proprement dite et son exercice, sa manifestation extérieure. La liberté est une dans son essence, mais il y a entre elle et l'usage que l'on en fait la même différence et la même analogie qu'entre la pensée et la parole, entre la volonté et l'action, entre les croyances et le culte extérieur.

Il ne dépend pas de l'homme d'être ou de ne pas être libre. Il est libre parce que Dieu l'a créé libre, et il ne peut pas plus détruire ou aliéner sa liberté qu'il ne peut détruire son âme. On peut lui ravir la faculté de manifester sa pensée, mais on n'ira jamais jusqu'à lui ravir la pensée et la liberté. Si, par un acte de violence quelconque, on l'oblige à nier des lèvres ses convictions intérieures, on ne parvient jamais à atteindre ses convictions, et s'il lui plaît de payer de sa vie le droit de manifester sa pensée, sa mort est encore un acte de sa liberté, puisqu'il reste libre quand même de préférer la mort à la vie.

La volonté ne peut être modifiée que par la persuasion ou une cause déterminante quelconque qui suppose toujours le respect le plus absolu de la liberté de choisir.

La liberté n'est donc pas un principe discutable ; c'est un fait qui se constate comme l'existence elle-même, et on pourrait la définir ainsi : La liberté, c'est l'homme. Elle ne s'établit pas et ne se supprime pas par des institutions qui ne sauraient l'atteindre ; l'homme ne peut que réglementer la manifestation extérieure de sa liberté, et c'est ce qu'il est obligé de faire pour vivre en société, pour le cas où deux volontés ne peuvent pas s'exercer simultanément, ou lorsque le bien général l'emporte sur les commodités particulières de chacun, mais ce n'est pas aliéner sa liberté que d'en restreindre volontairement l'usage, c'est, au contraire, l'affirmer et en user ; car s'interdire à soi-même la faculté de faire une chose, c'est faire acte de libre volonté.

La liberté cesse d'être entière, non dans son essence, mais dans sa manifestation extérieure, lorsque les mesures restrictives de cette manifestation ne sont pas librement consenties ou acceptées, soit directement, soit indirectement, d'une manière formelle ou implicite, par tous ceux qu'elles atteignent.

Lorsque des hommes se trouvent réunis pour former un corps de nation, rien ne s'oppose à ce qu'ils spécifient d'un commun accord les choses qu'ils s'interdisent de faire, ou que les restrictions qui pourront être nécessaires ou simplement utiles seront établies par un ou plusieurs membres de la société. Ce qu'il y a de plus rationnel et de plus pratique, c'est d'attribuer ce droit à la majorité en nombre des citoyens, en laissant à la minorité le droit de toujours exprimer librement sa pensée, afin de faire triompher par la persuasion la mise en application de ses idées.

Ces restrictions ne constituent pas une atteinte à la liberté de faire, puisqu'elles sont librement consenties, d'une manière formelle ou explicite ; mais cette liberté de faire est violée lorsqu'un ou plusieurs des membres de l'association s'arrogent, par un moyen quelconque, le prétendu droit de limiter l'exercice de la liberté des autres, sans leur consentement au moins tacite.

On ne cesse pas d'être libre parce qu'on a posé soi-même des restrictions à l'exercice extérieur de sa liberté, mais on cesse de l'être d'une manière complète lorsque ces limites nous sont imposées.

Déduisons immédiatement une conséquence de ce principe : une génération ne peut pas aliéner la liberté des générations qui la suivront ; tout ce qu'elle peut faire, c'est d'agir pour elles, sauf rectification. C'est donc sans droit qu'une génération par la proclamation d'un pouvoir héréditaire empiète sur la liberté de la génération qui la suivra. C'est commettre une imprudence qui peut amener une révolution, et c'est en même temps commettre un acte de folie, parce que le chef inconnu qui suivra celui que l'on connaît pourra n'être qu'un insensé ou un méchant homme.

Pour qu'un gouvernement soit bien le représentant de la nation, il faut donc qu'il soit électif, c'est-à-dire renouvelable chaque fois qu'on suppose que la mort d'une partie des électeurs qui l'ont choisi et le temps peuvent avoir modifié les idées de la majorité. Il faut, en outre, que les restrictions apportées à la manifestation de la liberté soient restreintes dans des limites très-étroites, afin de réduire à sa plus simple expression la minorité qui ne les subit qu'avec peine, et d'augmenter le plus possible le nombre de ceux qui les demandent ou acceptent, de manière à leur donner la plus grande somme possible de force morale et de force matérielle.

Ces restrictions à l'exercice extérieur de la liberté sont nécessaires sous tous les régimes, avec cette différence que, sous un gouvernement électif choisi par le peuple, elles sont volontaires, qu'elles n'imposent à personne de faire abnégation de ses idées, et que chacun conserve l'espoir de les voir triompher dans un vote prochain sans qn'il soit jamais nécessaire de recourir à la violence, tandis que, sous une monarchie absolue, ces restrictions ne dépendent que de la volonté ou du caprice du souverain et de son entourage, et que, sous une monarchie dite constitutionnelle, la génération qui a choisi son chef héréditaire, selon ses besoins, lui a donné le droit qu'elle n'avait pas elle-même, d'apporter des restrictions à la manifestation extérieure de la liberté des générations à venir.

On se demande quelles raisons peut invoquer un homme, pour assigner lui-même des limites à la liberté d'un peuple, et quels prétextes peut faire valoir une fraction collective de la nation pour imposer ses volontés à une fraction plus nombreuse qu'elle?

Toutes les minorités, qu'elles se composent d'un ou de plusieurs, invoquent les mêmes principes, s'appuient sur les mêmes erreurs et tendent au même but. Elles disent : la raison et l'équité sont rarement avec le nombre qui ne représente en réalité que la force matérielle. Une personnalité ou une minorité collective peut donc avoir raison contre la majorité, et comme la raison l'emporte sur la force, c'est la raison qui doit commander. En vertu de ce beau principe, si dix ont raison contre cent, un seul, *à fortiori*, à raison contre dix. Il est évident que la minorité peut quelquefois avoir raison contre la majorité, mais la difficulté consiste à savoir à quels signes on reconnaît cette raison supérieure à la force.

La royauté prétend tenir de Dieu la mission de garder les nations dans les voies de sagesse et pour mieux faire croire à cette mission divine, elle s'appuie d'une main sur le clergé, organe de la divinité, et de l'autre sur l'élite de la nation, sur l'aristocratie.

Dans les états catholiques, les rois se placent sous l'égide du chef de la catholicité représentant de Dieu sur la terre. Dans les autres états monarchiques, le souverain se proclame chef spirituel en même temps que chef temporel et, comme chef spirituel, il s'inspire auprès de Dieu pour se diriger comme chef temporel. C'est toujours la Suprême Sagesse qui gouverne les peuples par un délégué qui s'appelle roi.

Si c'est une minorité de la nation qui aspire à imposer ses volontés, elle invoque la raison humaine, dont quelques individualités se disent les interprètes, les principes éternels dont quelques-uns se proclament les champions et les défenseurs exclusifs. On ne supprime pas Dieu, on l'écarte seulement pour le remplacer par la raison individuelle des plus audacieux.

Dans les deux systèmes on oublie une chose, mais cette chose est tout, on oublie la Liberté. On oublie d'un côté que Dieu qui a fait l'homme libre n'a donné à personne le droit ni le pouvoir de détruire ou mutiler son œuvre ; que toute restriction à l'exercice extérieur de la liberté doit être acceptée librement, qu'une génération ne peut pas imposer des restrictions à la liberté des générations à venir, et d'un autre côté, que l'individu étant libre de faire même le mal, une réunion d'individus conserve le même droit pour l'appliquer à ses actions collectives et, par conséquent, celui de se donner un gouvernement détestable et des institutions absurdes si tel est son bon plaisir? Nulle puissance au monde ne pourrait contester à un peuple le droit de courir à sa propre décadence et à sa ruine, si telle était sa volonté, mais comme l'instinct de la conservation est le premier de tous, on peut être certain qu'une nation ne se suiciderait jamais volontairement, et que si la chose était possible elle ne constituerait qu'une monstrueuse exception.

Les minorités, à qui n'agréent pas les restrictions faites à la manifestation de la liberté par la majorité, ne peuvent que lutter par la libre discussion, par la pratique de ce qu'elles considèrent comme le bien et l'enseignement de la vérité pour les faire triompher.

Il va sans dire que la liberté d'écrire et de parler doit toujours être pleine et entière, puisque jamais la manifestation de la pensée de l'un ne peut gêner la manifestation de la pensée d'un autre.

Si l'on a pu dire avec raison que contre la tyrannie qui viole la liberté de la majorité d'un peuple, l'insurrection est le plus saint des devoirs, on doit ajouter que, lorsqu'un peuple peut librement manifester sa volonté, la violence de la minorité pour imposer ses lois à la majorité est le plus grand de tous les crimes. Tyrannie blanche au nom de Dieu, tyrannie rouge au nom de la raison, c'est toujours l'exécrable tyrannie, c'est-à-dire la masse ou le plus grand nombre opprimé par une minorité individuelle ou une minorité collective, violant également la liberté.

Un gouvernement n'est régulier qu'autant qu'il fait régner l'ordre, et l'ordre résulte de l'accord entre le droit et la force. Le droit prime la force, il lui est aussi supérieur que l'intelligence est supérieure à la matière, mais la force est l'auxiliaire indispensable du droit. Suivant la loi naturelle, les hommes ont été créés non pour se combattre, se torturer, s'exploiter et se détruire, mais pour s'aimer, se secourir, s'aider mutuellement et lutter ensemble contre le monde matériel. La force sans le droit n'est que la brutalité inintelligente, un corps sans âme, mais sans la force, le droit n'est qu'une abstraction stérile, une âme insaisissable.

Tout gouvernement, quel que soit le nom qu'on lui donne, doit donc être le représentant du droit, c'est-à-dire de l'éternelle justice et s'appuyer sur la force pour le faire régner, c'est-à-dire sur le plus grand nombre. C'est en donnant aux vérités de l'ordre politique le caractère de vérités absolues que le moyen âge s'est vu dans la nécessité de subordonner la souveraineté temporelle des rois à la souveraineté spirituelle de l'Eglise, seule interprète infaillible des volontés divines.

Un poëte a dit : Le premier roi fut un soldat heureux.

Cette origine de la royauté n'est prise vraie que pour les peuplades sauvages chez lesquelles la force brutale règne en maître absolu ; mais chez les peuples plus ou moins civilisés, la force seule ne crée qu'une simple dictature et jamais une dynastie. Un chef qui veut transmettre le pouvoir dont il s'est emparé a besoin de puiser dans l'assentiment formel ou tacite d'une partie de la nation une certaine force morale. En parcourant l'histoire de France, on voit que les trois dynasties qui ont gouverné la nation jusqu'à la Révolution, aussi bien que les deux dynasties qui ont essayé de prendre racine depuis cette époque ont toutes usé du même procédé qu'on peut résumer ainsi. Un homme rend des services signalés. Le peuple le choisit pour son chef et le place au sommet du pouvoir. Il profite de sa situation pour s'attacher par des liens d'affection et d'intérêts certaines familles auxquelles il distribue les commandements, les emplois et les honneurs ; il forme ainsi autour de lui une classe privilégiée qui garde toutes les issues et toutes les portes de la forteresse gouvernementale dans laquelle il se retranche, et à sa mort, ses intimes transmettent le pouvoir à son héritier naturel, afin de se perpétuer eux-mêmes dans les emplois et les priviléges qu'ils se sont fait concéder.

Cette classe, complice de la royauté, se prête à tous les empiétements du pouvoir et même à tous ses abus pourvu que ces empiétements lui profitent à elle-même. Elle se propage et s'étend comme la mauvaise herbe dans les champs, et à mesure qu'elle se développe et grandit en nombre et en puissance, elle couvre et étouffe la masse de la nation comme les grands arbres couvrent et interceptent l'air et les rayons du soleil, et étouffent les arbustes dans la forêt.

Les rois ne sont pas, quoi qu'on en dise, des êtres d'une nature exceptionnelle; ce sont des hommes avec toutes les faiblesses et toutes les passions des hommes. Tout homme est accapareur et envahisseur par nature; plus nous avons de pouvoirs, de fortune, d'autorité, plus nous voulons en obtenir, et plus il nous est facile d'en obtenir; une nation, soucieuse de sa liberté et de sa dignité, devrait toujours être en garde contre les empiétements des hommes auxquels elle délègue le pouvoir momentanément. La loi seule devrait être souveraine, et le respect absolu de la liberté et de l'égalité devrait être la base de toutes les institutions. C'est dans l'oubli de cette vérité primordiale que prennent naissance toutes les royautés avec leur escorte de classes privilégiées.

Tous les rois ont recours à une fantasmagorie d'origine céleste. Aussi bien que les souverains catholiques, les princes protestants, hérétiques, schismatiques et païens se disent tous, sans exception, choisis par Dieu pour gouverner les peuples. Les souverains d'Angleterre, d'Allemagne et de Russie se croient au moins aussi légitimes et d'origine aussi divine que Henri V, Don Carlos et le prince de Monaco. Les empereurs romains étaient placés de leur vivant au rang des dieux. L'empereur de Turquie se dit descendant de Mahomet, seul et unique prophète de Dieu. L'empereur de la Chine se dit fils du Ciel et cousin de la Lune. Mais pendant que ces élus de Dieu, ces anges terrestres surexcitent la superstition et l'idolâtrie en leur faveur, qu'ils s'affublent du titre de majesté et exigent des témoignages continuels de vénération, ils s'abandonnaient aux yeux du peuple, à des vices que leur caractère quasi divin n'a nullement le pouvoir de transformer en vertus, et pendant qu'ils exigent du peuple qui leur est soumis le respect le plus absolu de leurs droits, ils ne se font nul scrupule de se dépouiller mutuellement par la force et la ruse, et de soustraire à la domination légitime les uns des autres les peuples que Dieu leur a confiés ; c'est, véritablement, un bien singulier droit divin que celui qui a un mensonge pour point de départ, qui mutile l'œuvre de Dieu en niant sa liberté, qui compromet les croyances religieuses en rendant la religion complice de ses abus, qui ravale jusqu'à la divinité, en lui prêtant un rôle ridicule, et qui ne sait pas même se respecter en respectant chez autrui le droit qu'il invoque pour lui.

On sait peu de choses sur les peuples qui habitaient primitivement le territoire de la France actuelle avant l'ère chrétienne, on sait seulement que ce pays portait le nom de Gaule et qu'il était sans cesse envahi, avant sa conquête par Jules César, par des peuplades nomades venant de l'Orient et du Nord par la Germanie. L'occupation de la Gaule par les Romains arrêta ces invasions pendant plusieurs siècles ; mais, à mesure que l'empire s'affaissait sous cette longue suite d'empereurs stupides et féroces qui forme le Bas-Empire, les invasions reparaissent.

Une peuplade fixée sur les bords du Rhin, ayant porté le nom de Sicambres et ensuite celui de Francs, se subdivisa en deux branches, dont l'une s'avança vers le couchant et pénétra dans la Gaule. Les guerriers choisissaient un chef parmi les plus dignes de commander. Après son élection il était placé sur un bouclier élevé sur les épaules de quatre guerriers et promené dans les rangs de l'armée qui l'acclamait. La royauté héréditaire n'était pas connue de ce peuple conquérant. Le premier chef franc dont on connaît le nom fut Pharamond, le second fut Clodion; vint ensuite Mérovée, qui étendit la conquête des Francs Saliens sur le nord de la Gaule. Son fils Childéric fut élu après lui et mourut en 481. Clovis, fils de Childéric, succéda à son père à l'âge de quinze ans; il ne se recommandait que par son origine et sa bravoure. Il fut le premier chef héréditaire. Les mœurs tendaient déjà à se modifier sous l'influence des nouvelles idées religieuses. Pour épouser une femme chrétienne, Clovis avait promis de se faire baptiser, mais il retardait la réalisation de sa promesse lorsque, sur le point de perdre la bataille de Tolbiac, il promit d'adorer le Dieu de Clotilde s'il remportait la victoire; il remporta effectivement une victoire qui lui assura la domination des États de son ennemi.

Une intervention aussi favorable était bien faite pour inspirer à ce fameux guerrier une foi entière dans le Dieu qui fait vaincre. Rentré dans ses États, Clovis se fit baptiser à Reims, le jour de Noël 496, par saint Remi. Les pieuses chroniques de cette époque racontent que l'huile qui servit au sacre du fort roi fut apportée du ciel par le Saint-Esprit, sous la forme d'une colombe. Le petit vaissel qui la contenait reçut le nom de sainte Ampoule; il s'était conservé à l'église de Reims, où il servait au sacre des rois de France. Il fut brisé en 1793. Notons avec soin cette première intervention de la volonté divine dans les affaires de la royauté, environ cinq cents ans après la naissance du christianisme, car elle est le point de départ et la base de la légitimité. La révélation est consignée dans une pieuse chronique. La vertu du sacre réside dans le saint Chrême renfermé dans l'ampoule envoyée du ciel à un évêque.

La royauté est donc d'origine céleste et, par la possession de la sainte huile, l'Église pourra sacrer roi qui bon lui semblera, mais nul ne sera roi légitime sans elle, et tout roi lui devra le respect et la soumission qu'un fils doit à sa mère. Ainsi s'explique la prédilection de l'Église pour la royauté en général et en particulier pour la légitimité, sa prétention à la suprématie sur le pouvoir civil et son aversion pour le système qui place sa souveraineté dans le peuple.

Malgré son sacre Clovis n'était encore que roi des Francs et vainqueur d'une partie de la Gaule. On lui obéissait comme à un maître, mais il n'était pas roi d'un pays qui ne l'avait pas nommé. La religion lui avait donné une espèce de pouvoir spirituel, mais le pouvoir temporel n'était pas assuré à lui et à ses descendants; il se l'assura par la victoire qui lui fut toujours favorable, et par une série de cruautés et de crimes. Il transporta le siége de son gouvernement de Soissons à Paris, où il mourut en 511.

Tout ce que l'on peut débrouiller d'à peu près certain dans ce chaos des premiers temps, c'est que les Francs, comme du reste tous les autres peuples, sans cesse en guerre avec leurs voisins, vivant du produit de la terre, sans industrie ni commerce, à peu près sans institutions ni lois, choisissaient toujours celui dont les capacités correspondaient le mieux au besoin de la situation. La principale occupation des hommes étant la guerre, et les guerriers seuls étant aptes à juger des mérites d'un chef, à la mort de chaque chef l'armée se réunissait dans un lieu appelé Champ de Mars et proclamait roi celui qui avait obtenu le plus de suffrages.

Plus tard, il fut admis que le roi ne pourrait être choisi que parmi les descendants des anciens chefs, puis enfin on arriva à ne considérer l'élection que comme un simple acte de condescendance envers le peuple. Le fils du chef, à la mort de son père, saisissait le pouvoir et faisait ensuite approuver cette prise de possession par la nation. Clovis fut le premier qui ne consulta la nation ni avant ni après son avénement, et ses fils procédèrent comme avait fait leur père. L'Église avait remplacé le peuple. Le sacre tenait lieu d'élection.

Clovis laissa quatre fils qui se partagèrent son royaume et prirent tous le titre de roi.

Le partage des États du père entre les enfants fut le point de départ d'une série de guerres et de cruautés inouïes entre les souverains et de misères infinies pour les peuples soumis à leur domination, à leur ambition et à leurs caprices.

A mesure que le pouvoir absolu se développait, on voyait grandir à côté de lui des familles privilégiées qui accaparaient et se transmettaient les faveurs des rois. Lorsqu'un homme avait obtenu le gouvernement d'une province, il s'en considérait comme le maître et y exerçait, presque sans contrôle, un pouvoir absolu. Pour se mettre à l'abri des déprédations de ses voisins et pouvoir au besoin braver l'autorité du roi, ils se bâtissaient des forteresses dans des lieux inaccessibles. Par surcroît de précaution, et pour mieux se soustraire à l'autorité, à la vengeance ou'aux simples caprices des souverains, ces gouverneurs prenaient leurs mesures pour qu'un roi ne fût jamais d'âge ou de caractère à avoir une volonté. Aussi ne vit-on, pendant de longues années, que des enfants sur le trône, ils disparaissaient aussitôt qu'ils avaient l'âge d'homme, à moins que, par la vie corrompue à laquelle on les soumettait, on ne parvînt à prolonger leur enfance transformée en imbécillité.

Plus près du trône s'élevaient des fonctionnaires auxquels on a conservé dans l'histoire le nom de maires du palais. Lorsque les rois se transportaient d'un château dans un autre, ils se faisaient accompagner par un serviteur de leur choix qui veillait à ce que rien ne manquât à la table et à la maison de son maître. C'était un emploi simplement domestique, mais à côté de ces majordomes existaient les nourriciers ou tuteurs du roi, dont la nomination appartenait aux grands et qui gouvernaient l'État en l'absence du roi ou pendant sa minorité. Afin d'augmenter leur influence, ces nourriciers réunirent à leurs pouvoirs politiques les fonctions domestiques des majordomes. Telle fut l'origine d'une seconde royauté qui égala d'abord la première, la dépassa en puissance et finit par la remplacer.

En même temps le clergé se développait et grandissait en influence et en puissance. Les évêques ne se montraient pas toujours exempts des ambitions mondaines, mais leur influence était presque toujours conciliante et bienfaisante. Ils n'avaient plus la simplicité des premiers chrétiens ; le modeste bâton des apôtres était changé en une crosse dorée et magnifiquement sculptée. La croix de bois, transformée en croix d'or étalée sur la poitrine était devenue un objet de luxe et cependant l'esprit chrétien qui animait les prélats en faisait les soutiens du peuple contre les rois et c'est à cette influence morale et à la terreur des rois aux approches de la mort que les évêques durent le rôle civilisateur qu'ils exercèrent dans les siècles de lutte entre la barbarie et la civilisation.

Clovis avait rendu la royauté héréditaire dans sa famille par la puissance de sa volonté et de ses victoires; il s'était assuré l'appui du clergé en se faisant baptiser. Les grands de la nation acceptèrent ce privilége de naissance tout en conservant le droit d'élection pour les maires du palais. Ils rendirent cette charge héréditaire dès que la race royale fut assez abâtardie et qu'il se trouva dans cette dignité de maire un homme assez influent et assez énergique pour s'imposer au roi en attendant qu'il parvienne à supplanter la royauté.

En 720 le maire du palais nommé Charles, qui reçut plus tard après sa victoire sur les Sarrasins le surnom de Martel, plaça sur le trône Thierry IV qui n'avait de roi que le nom. A sa mort en 737 Charles ne songea même pas à le remplacer. Il avait vécu et il était mort sans que la nation s'occupât de lui. Peu de temps après Charles se sentant mourir partagea l'empire des Francs entre ses deux propres fils Pépin et Carloman. Ce dernier se retira dans un couvent et Pépin resté seul exhuma du cloître le fils oublié de Thierry IV pour le faire reconnaître roi de Neustrie sous le nom de Chilpéric III, afin de calmer pour un instant le mécontentement de quelques seigneurs. Cependant après quelques victoires et deux années de paix, il fit entendre aux mécontents que ses aïeux et lui avaient fait triompher l'aristocratie de la royauté des lâches descendants des rois chevelus ; qu'ils ne pouvaient espérer ni gloire ni richesse d'une race flétrie par le vice et condamnée par Dieu ; que son père en exterminant les Sarrasins avait sauvé le christianisme ; il leur rappela que les rois francs étaient autrefois élus par la nation, que Clovis avait confirmé ce droit et que la nation était en droit de le reprendre. Pépin s'assura d'abord des barons qui commandaient aux guerriers. Ensuite il s'occupa de se rendre favorable le clergé qui dirigeait le peuple. Il fit de riches présents aux églises et aux monastères. Pépin ayait pour lui l'épée et la croix, et cependant il n'était pas encore roi. La royauté résidait sur la tête d'un chétif enfant qui vivait dans l'obscurité d'un coin du palais. Pépin, après avoir consulté l'apôtre de la Germanie, saint Boniface, évêque de Mayence, envoya une députation au pape Zacharie pour lui soumettre cette question : « Dans un Etat où le roi est réduit à son titre seul et où la royauté est au pouvoir d'un autre que lui, n'est-il pas sage de réunir le titre à la royauté ? »

Le Saint-Père répondit : « Celui-là doit être roi qui exerce la puissance royale. »

Après cette réponse Pépin n'hésita plus ; il rassembla les barons et les évêques et leur soumit la réponse du pape. Pas une voix ne s'éleva pour revendiquer les droits du dernier descendant de Clovis qui reçut la tonsure et fut relégué dans un couvent de Saint-Omer où il mourut trois ans après.

Le 1er mars 752, dit un historien de l'époque, Pépin fut élevé sur le trône des Francs par l'autorité et le commandement du saint pape Zacharie, par l'onction du

Saint-Chrême qu'il reçut des mains des bienheureux évêques de France et par l'élection de tous les Francs.

Cependant Pépin ne négligea aucun des moyens humains pour consolider son trône ; il réhabilita le titre de roi par ses qualités personnelles et rassembla les comices du royaume et y appela les évêques.

Les Lombards qui étaient venus s'établir dans le nord de l'Italie, menaçaient constamment le domaine du Saint-Père. Le pape Etienne II, successeur de Zacharie, vint en France, le corps revêtu d'un cilice et le front couvert de cendres ; il se prosterna devant Pépin et le supplia de le délivrer d'Astolphe, roi des Lombards. Pépin le releva et lui promit aide et protection. Il se fit sacrer une seconde fois, ainsi que sa femme et ses deux fils, soumettant par là au pouvoir spirituel de l'Eglise le pouvoir temporel des rois.

Ainsi avait fini la race des Mérovingiens. Ainsi commença la race des Carlovingiens. Avant de mourir le roi Pépin, en présence des ducs et comtes, des évêques et prélats, fit le partage de ses Etats entre ses deux fils, Charles qui fut Charlemagne, et Carloman. Celui-ci étant mort, Charles convoqua les comtes et les évêques et se fit reconnaître seul roi des Francs sans égard pour les droits de deux fils de son frère et les prières de sa veuve.

A côté des rois de la première race nous avons vu des fonctionnaires s'élever et chercher à se rendre indépendants ; nous avons vu les maires du palais grandir et triompher en montant sur le trône ; nous venons de voir également l'Eglise s'élever au-dessus de la royauté. Maintenant nous allons voir s'élever sous les premiers rois de la seconde race un nouveau pouvoir rival de la royauté.

Lorsque le maire du palais Charles Martel convoitait le pouvoir souverain, il avait récompensé les compagnons de ses victoires par le don de domaines ou fiefs. Les églises et les abbayes en avaient également reçu un grand nombre de la piété ou de la terreur des rois aux approches de la mort. Ces fiefs, prix de bénéfices ou bienfaits étaient héréditaires, mais les gouvernements des provinces, des villes et des châteaux donnés par la confiance des souverains à des seigneurs de leur cour, n'étaient pas une propriété transmissible de père en fils. Sous Charlemagne les ducs et les comtes n'exerçaient que des pouvoirs temporaires et révocables. Sous son fils Charles le Débonnaire, ces pouvoirs furent conférés à vie. En 877, Charles le Chauve rendit héréditaires les titres de ducs, comtes et marquis, ainsi que les pouvoirs qui y étaient attachés et notamment le droit d'élire le souverain. Telle fut l'origine de la noblesse et de la féodalité, qui, devenue indépendante et en quelque sorte maîtresse de la royauté, finit par détrôner les rois de la seconde race, et choisir dans son sein le chef de la troisième race, continua la lutte contre la royauté jusqu'au moment où Louis XIV la subjugua.

Après la mort de Louis le Bègue, fils de Charles le Chauve, qui s'était reconnu roi par la miséricorde de Dieu et l'élection du peuple (879), les grands élevèrent la prétention d'élire son successeur. Il se forma deux partis dont l'un se hâta de faire couronner les deux fils de Louis qui moururent peu de temps après, laissant pour leur succéder un fils posthume de leur père, qui fut plus tard Charles le Simple.

L'autre parti offrit la couronne de France à Charles le Gros, roi de Souabe, qui l'accepta. Paris ayant été assiégé par les Normands, Charles le Gros s'enfuit en Germanie, laissant à Eudes, fils de Robert, comte de Paris, le soin de défendre la ville assiégée. Charles le Gros étant mort, quelques seigneurs élurent roi le comte Eudes. Dix ans après d'autres seigneurs tirèrent de l'obscurité Charles le Simple. Enfin après une longue lutte entre les seigneurs partisans des descendants de Pépin le Bref et de Charlemagne et ceux des descendants de Robert et de Eudes, comte de Paris, ces derniers l'emportèrent.

Pendant que Charles de Lorraine, dernier prince du sang de Charlemagne, faisait son entrée à Laon, capitale du royaume, l'archevêque de Reims sacrait roi de France Hugues Capet, comte de Paris, en présence de l'armée et des seigneurs. Hugues Capet n'avait d'autre droit à la couronne que les services rendus par ses ancêtres et sa position de plus puissant seigneur de France. Sous les rois Carlovingiens, la noblesse s'était emparée d'une foule de droits et de priviléges qu'elle craignait de se voir enlever. Hugues Capet n'était qu'un feudataire de la couronne. Ses pairs songèrent à se rendre de plus en plus indépendants de la couronne en lui laissant prendre le titre de roi. Le peuple, déshabitué de s'occuper des affaires publiques, ne songea pas à soutenir une dynastie qui, après Charlemagne, n'avait donné à la France qu'une série de rois fainéants. Pour flatter le clergé, dont les principaux dignitaires étaient déjà favorables à Hugues Capet, comme grands du royaume, le nouveau roi s'assura de son assentiment en se hâtant de placer son élection sous la protection de Dieu. Il se fit sacrer à Reims et fit même sacrer son fils peu de temps après. Il s'appliqua à donner à son sacre un caractère tout à la fois religieux et politique. En reconnaissant la royauté nouvelle comme l'œuvre de la Providence, il intéressa à son triomphe et à sa durée toute l'Église de France. En se reconnaissant roi par la grâce de Dieu et en faisant de la couronne le privilége d'une famille, il soustrait la royauté aux compétitions des hommes, s'assure l'appui du clergé et contente la nation en lui faisant espérer la fin des luttes dont elle était toujours la victime.

Cependant tous les grands feudataires du royaume ne jurèrent pas foi et hommage au nouveau souverain; quelques-uns même se déclarèrent pour Charles de Lorraine. Pour obliger à le reconnaître les grands vassaux qui lui étaient contraires, Hugues Capet n'hésita pas à anéantir le seul débris qui restait de la royauté carlovingienne. Il se fit livrer par la trahison de l'évêque de Laon, Charles de Lorraine avec sa femme et son neveu devenu archevêque de Reims; il le fit enfermer dans la prison d'Orléans où il mourut un an après laissant deux fils en bas âge qui cherchèrent un refuge en Allemagne.

Hugues Capet mourut le 24 octobre de l'année 996 après neuf ans de règne. Comme il avait eu soin de faire sacrer de son vivant son fils Robert, celui-ci monta sur le trône sans contestation. A la mort de ce dernier, sa veuve se ligua avec quelques grands pour placer sur le trône le second de ses fils au détriment de l'aîné. Il s'ensuivit entre les deux frères une lutte qui tourna à l'avantage de l'aîné, et pendant plusieurs siècles les fils aînés des rois de la troisième race succédèrent à leur père. Cependant, à la mort de Louis X dit le Hutin, en 1316, la transmission du pouvoir royal souleva de graves difficultés. Louis ne laissait qu'une fille (Jeanne), née d'un premier mariage avec Marguerite de Bourgogne et un frère nommé Philippe. Tous deux prétendirent à la couronne. La victoire resta à Philippe; il avait 24 ans et était initié aux affaires du gouvernement tandis que sa nièce n'était âgée que de six ans. Philippe se fit sacrer, mais les grands refusèrent d'assister à la cérémonie. Philippe fit appel à la nation et, dans une assemblée où furent admis des nobles, des prélats et des bourgeois, il fit reconnaître ses droits et décider que jamais les femmes ne pourraient succéder à la couronne de France. Ce mode de succession fut suivi d'une manière invariable jusqu'à la Révolution.

Par la mort d'Henri III, arrivée en 1589, finit la branche dite des Valois de la race des Capétiens. Une autre branche dite des Bourbons lui succéda dans la personne d'Henri IV qui eut pour fils Louis XIII, père de Louis XIV.

Louis XVI en mourant sur l'échafaud laissa un fils en bas âge qui fut confié à la surveillance du cordonnier Simon et qui mourut peu de temps après des mauvais traitements que son cruel gardien lui avait fait subir, et deux frères qui furent Louis XVIII et Charles X. Ce dernier fut père du duc de Berry qui a laissé un fils posthume, le comte de Chambord ou Henri V, qui lui-même n'a pas d'enfants.

Ce serait une grande erreur de croire que les divers changements de dynasties n'avaient eu pour cause que de simples intrigues de palais et d'autre résultat que le remplacement sur le trône du chef d'une famille par le chef d'une autre famille. Ces changements amenaient toujours une modification importante dans le système de transmission du pouvoir souverain en même temps qu'ils appelaient à la direction des affaires, sinon de nouvelles classes, du moins les mêmes classes avec de nouveaux droits et de nouvelles attributions. Toute royauté est le gouvernement d'un parti.

La première race avait foulé aux pieds la souveraineté nationale. L'avénement du premier roi fit surgir l'influence du clergé et une classe privilégiée des fonctionnaires qui ne cessa plus d'anticiper sur les droits de la masse. Aussitôt que le pouvoir se trouva concentré dans les mains d'un roi, ses favoris n'aspirèrent qu'à l'entourer, l'accaparer, fallût-il l'abrutir pour le dominer plus facilement ou l'empoisonner pour vaincre ses résistances; ils finirent par supplanter les rois de la première race en leur substituant les maires du palais sortis de leurs rangs. L'avénement au trône des maires du palais n'est encore que l'avénement des fonctionnaires qui ont accaparé les emplois sous les premiers rois.

Sous la seconde race, ces fonctionnaires deviennent des seigneurs avec des titres et des emplois héréditaires. Afin d'être en plus parfait accord avec la royauté, ils évincent les rois de la seconde race et les remplacent par un seigneur de leur famille. Ils ne grandissent la royauté que pour se grandir avec elle. Sous Hugues Capet la noblesse et le clergé sont au pinacle. L'Église a la haute main sur les rois et chaque seigneur est dans ses domaines un souverain de second ordre, souvent plus puissant que le roi et bravant son autorité.

A partir de Louis XI, en 1461, le grand travail des Capétiens fut de concentrer dans les mains du roi la souveraineté ainsi divisée et affaiblie, soit en réunissant à la couronne les diverses provinces qui formaient la France, soit en soumettant par la force à l'autorité royale les vassaux qui la bravaient.

Ce travail de concentration du pouvoir et d'unification de la France s'était accompli en dehors et comme au-dessus du peuple, et cependant ce peuple qui n'existait que pour supporter les charges, se développait dans l'ombre. Au-dessous des deux ordres principaux de la noblesse et du clergé, sur lesquels planait la royauté, on ne connaissait que de nom le troisième ordre ou tiers état composé des commerçants et industriels. Quant à la catégorie des travailleurs ou prolétaires, elle était tellement éclipsée par la bourgeoisie qu'on ne la connaissait pas même de nom.

Bientôt nous verrons cette bourgeoisie escortée du prolétariat apparaître sur la scène et révéler sa puissance en revendiquant non la place de la noblesse et ses priviléges, mais sa place au soleil à côté d'elle et l'égalité pour tous.

Les résistances de la noblesse et du clergé, bien plus que celles de la royauté, à ces revendications fondées sur le droit naturel, la raison et les principes du christianisme, produisirent cette terrible explosion qui s'appelle la Révolution de 1789.

La décadence de la royauté date du jour où elle se vit maîtresse de la noblesse. L'effacement de la noblesse laissa pénétrer un rayon de chaleur et de lumière jusqu'à cette couche sociale qui n'avait vu le jour que par les temps brumeux, alors qu'il fallait payer les dîmes et accomplir les corvées. A partir de ce moment le peuple, qui s'étiolait dans l'ombre et l'humidité, commença à prendre de la force et se préparer à revendiquer ses droits à la vie.

Le pouvoir absolu enivra Louis XIV. Le faste de sa cour ne connut plus de bornes et le besoin de briller et de dominer lui fit entreprendre des guerres qui furent désastreuses. Les débauches et l'incurie de la Régence et de Louis XV finirent d'épuiser non-seulement les caisses de l'État, mais encore les ressources de la nation.

Louis XVI en montant sur le trône (1774) trouva les finances dans un état déplorable, et une nation indignée par les dévergondages de la cour, les scandales du haut clergé et les exactions de la noblesse, sans respect pour une autorité qui n'avait pas su se respecter elle-même, détournée du clergé par son alliance avec les oppresseurs, instruite de ses droits; mais pervertie par la philosophie trop souvent athée du siècle précédent.

Il aurait fallu un homme d'un grand génie pour envisager la situation avec clarté et sang-froid et en même temps d'une grande vertu pour lui dicter la résignation à tous les sacrifices nécessaires, briser toutes les résistances et résister à toutes les prétentions injustes.

Louis XVI avait toutes les vertus nécessaires; il lui manquait le génie.

Il signala son avénement par des réformes dont il comprenait la nécessité et l'urgence, mais il avait à lutter contre des abus trop enracinés et des résistances trop intéressées et trop obstinées pour qu'il lui fût possible d'accomplir cette œuvre immense qui consistait à réparer les fautes et à faire oublier les iniquités de plusieurs siècles et en même temps à asseoir la société sur de nouvelles bases, en transformant les institutions et les lois du pays.

Nous ne voulons pas rappeler, même succinctement, les épisodes du grand drame révolutionnaire. Chacun les a présents à la mémoire et notre but n'est pas de faire un cours d'histoire. Nous nous bornerons à les résumer au point de vue du sujet qui nous occupe, en disant que l'édifice féodal était tellement vermoulu qu'il n'était plus possible ni de le réparer, ni de lui enlever une seule pierre sans le faire crouler ; que tout son échafaudage était un monstrueux attentat contre la liberté ; que la royauté, qui se prétendait instituée par Dieu, outrageait la vérité et la raison ; que la noblesse, qui se disait d'une nature intermédiaire entre le roi et le peuple, comme les anges entre Dieu et l'homme, qui persistait à soutenir ses priviléges et à exercer ses vexations, était une insulte à la justice de Dieu qui a fait tous les hommes égaux ; que l'alliance intime du clergé avec la royauté et la noblesse, avec les grands contre les petits, avec les puissants contre les faibles, était une violation scandaleuse des principes du Christianisme, et, enfin, que le peuple en revendiquant ses droits imprescriptibles à la liberté et à l'égalité, avait pour lui les principes éternels, la conscience et la raison, et, par conséquent, la certitude de la victoire dans un délai plus ou moins rapproché.

Louis XIV avait un frère qui portait le nom de Philippe et le titre de duc d'Orléans. Par son testament, Louis XIV nomma son neveu Philippe XI président du conseil de régence pour gouverner la France pendant la minorité de Louis XV. Le régent se livra à des désordres qui firent de la régence une des époques les plus honteuses de notre histoire. Un de ses descendants, qui prit à l'époque de la Révolution le nom de Philippe-Égalité, se montra de bonne heure hostile à la cour; il fut nommé député en 1792 et fut l'un de ceux qui votèrent la mort de Louis XVI.

La mort du roi fut le triomphe de la fraction la plus violente de la populace; maintenant que la nation a détruit les abus du passé, une faction qui prend le nom de Commune s'empare du pouvoir, elle va se livrer elle-même à des abus d'un autre genre en substituant sa tyrannie à celle des rois, ses caprices à ceux de la noblesse et son intolérance à celle du clergé. Elle va faire regretter le passé et préparer le retour d'une royauté, si la France ne récèle pas un Washington, c'est-à-dire un génie assez puissant pour dominer les factions à l'intérieur, repousser les ennemis du dehors et préparer des institutions et des lois qui soient la consécration des conquêtes de la Révolution, et en même temps assez honnête pour comprendre qu'il commettrait la plus grande des infamies et se couvrirait d'une honte éternelle devant l'histoire, s'il abusait de la confiance d'un peuple à peine échappé à l'oppression pour lui ravir le trésor de ses libertés conquises par tant de luttes et de douleurs.

Tel était le châtiment que la Providence réservait à la France en expiation des crimes dont la Révolution avait souillé sa sainte cause. Avant de jouir de son œuvre, elle devait expier ses excès par vingt ans du despotisme le plus abject et se régénérer dans son propre sang, répandu à flots pour satisfaire l'insatiable ambition du nouveau maître qu'elle va se donner.

La Commune de Paris règne par la terreur, mais, comme tout ce qui est violent et inique, la terreur n'a qu'une durée éphémère. La Convention secoue le joug de la Commune et le sang de ses chefs va couler sur l'échafaud où avait roulé quelques jours plus tôt la tête des Girondins et de Philippe-Égalité. En même temps qu'elle triomphe à l'intérieur, la Convention repousse partout les armées coalisées que les princes du sang et la noblesse ont ameutées contre la France révolutionnaire. Par une nouvelle constitution qu'elle décrète, elle confie le pouvoir exécutif à un Directoire de cinq membres. Le pouvoir législatif est composé de deux Conseils, celui des Cinq-Cents et celui des Anciens. Les débris de la Commune, voulant étouffer à sa naissance ce premier gouvernement régulier de la Révolution, marchent contre la Convention. Arrivés près des Tuileries, les insurgés sont mitraillés sur les marches de l'église Saint-Roch. L'officier d'artillerie, qui commande le feu, s'appelle Napoléon Bonaparte. Cet homme est déjà ivre de gloire et d'ambition. Ce succès achève de le griser. Il se considère comme le sauveur de la France.

Cependant le Directoire veille attentivement sur les institutions qui lui ont été confiées ; il frappe par la déportation les restes de la faction jacobine et du parti royaliste. L'ambition du général Bonaparte l'inquiète ; on l'éloigne en l'envoyant en Égypte. Mais, ce général ambitieux et sans scrupule quitte le poste où le fixait le devoir, abandonne l'armée qui lui est confiée et vient violer les portes du Conseil, où délibèrent les représentants de la nation. Le Directoire est remplacé par trois consuls, à la tête desquels se place le général Bonaparte. De nouvelles victoires viennent augmenter son prestige militaire; il gagne la bienveillance de l'ancienne noblesse et du clergé en accordant aux émigrés et aux prêtres non assermentés le droit de rentrer en France; il fait naître un espoir trompeur dans le cœur des royalistes en révoquant le serment de haine à la royauté. En même temps il flatte les instincts populaires en respectant les nouvelles bases sociales. Il ne manque plus qu'un danger couru, non sur le théâtre éloigné du champ de bataille, mais au cœur même de Paris, sous les yeux du peuple, pour faire comprendre à la France combien ses destinées sont liées à celles de l'homme qui a concentré en lui tous les pouvoirs et tous les besoins. Un hasard fait surgir à propos la machine infernale. Bonaparte profite de l'émotion pour se faire proposer un consulat de dix ans qu'il s'empresse de refuser. Craignant de l'avoir offensé, on se hâte de lui proposer le consulat à vie, mais ce n'est pas un pouvoir partagé qu'il faut à cet homme, c'est le pouvoir suprême. Moreau, général aussi habile que lui, ne veut pas de maître; il est exilé; Pichegru est accusé d'avoir conspiré pour le retour de l'ancienne royauté; il est trouvé mort dans sa prison. Un descendant direct de Henri IV erre sur les bords du Rhin, près de la frontière; il est saisi et assassiné pendant la nuit, après un semblant de jugement, dans les fossés du fort de *Vincennes*.

Deux mois après, le 18 mars 1804, la République

française était devenue l'Empire français. Le général Bonaparte était devenu l'empereur Napoléon. La France était revenue au temps de Clovis, une nouvelle dynastie venait de naître; mais elle devait fatalement succomber. Si elle essayait de réédifier le passé, elle avait contre elle toute la partie de la nation que la Révolution avait appelée à la vie politique et qui voyait lui échapper le fruit de ses conquêtes, et en même temps tous les partisans de l'ancienne royauté, dont Napoléon usurpait la place. Si, au contraire, elle acceptait les principes proclamés par la Révolution, en première ligne desquels figurait celui de la souveraineté inaliénable de la nation et de l'égalité devant la loi, elle se basait sur un principe qui était sa négation formelle. Si Napoléon, qui était sorti des rangs de la bourgeoisie, avait fait de cette bourgeoisie une classe privilégiée et assez prépondérante pour dominer le reste de la nation, on comprend qu'il aurait pu s'appuyer sur elle, mais la bourgeoisie qui avait lutté pour l'égalité, ne revendiquait que le droit pour la nation entière, sans distinction de rangs ou de classe, de se gouverner elle-même. Napoléon ne pouvait donc être que ce qu'il fut, un brillant météore destiné à disparaître aussitôt qu'il n'aurait plus sa raison d'être. Or, sa mission était de défendre, par son génie guerrier, la France égalitaire, et de consacrer par des lois les principes sociaux et politiques de la Révolution. Napoléon n'avait pas seulement contre lui la fausseté de sa situation. Son origine révolutionnaire devait le faire détester du clergé et de la noblesse, et son despotisme devait le faire abhorrer de la nation. Combattu par la coalition dont il était l'ennemi naturel, et abandonné par la Révolution qu'il avait trahie, il succomba et n'emporta dans son exil que de l'admiration pour son vaste génie, un peu de reconnaissance pour les services involontairement rendus à la cause de la Révolution, et les malédictions que méritaient son caractère despotique et les malheurs qu'il avait attirés sur le pays.

Le Directoire avait rétabli l'ordre. La France avait des généraux qui, sur tous les points, terrassaient les troupes des rois coalisés. La nation ne demandait que le développement de ses institutions démocratiques, le calme, le travail et la paix. Parvenu au pouvoir suprême, Bonaparte se fit despote à l'intérieur et agressif, à l'extérieur. Il ne travailla plus que pour lui et sa famille, encore sa famille ne fut-elle que l'instrument de son ambition personnelle; il ne lui suffisait pas de dominer la France, il voulait dominer le monde; mais comme l'échafaudage de ses combinaisons ne reposait que sur la force et l'égoïsme, il commença à chanceler le jour où il ne s'appuya plus sur un principe; la force fut domptée par la force et il ne resta que les conquêtes morales de la Révolution.

Qui peut savoir ce que la France serait devenue si Napoléon avait mis tout son immense génie au service du désintéressement personnel et des principes dont il avait commencé par être le champion et dans lesquels il puisa sa force?

Peut-être n'aurait-elle pas eu le sort des États-Unis d'Amérique si sagement organisés en République par Washington, parce qu'il fallait un pouvoir concentré pour résister aux partis qui voulaient remonter vers le passé, mais un roi constitutionnel fidèle à son origine et habituant la France à jouir de ses libertés avec une lenteur sagement calculée, aurait incontestablement appris à la nation à se gouverner elle-même, et la dynastie napoléonienne fournirait peut-être à la République des présidents héréditaires.

Mais nous l'avons dit : la France avait à expier les luttes fratricides de ses enfants, des résistances injustes, des violences inutiles, et surtout le crime de ceux qui avaient appelé l'étranger pour lui faire fouler le sol sacré de la patrie afin d'y faire triompher d'iniques prétentions. La coalition, qui n'avait pu vaincre la France républicaine, terrassa l'empire de Napoléon, et les rois vinrent à Paris pour détruire l'œuvre de la Révolution et replacer sur le trône de France le frère de Louis XVI.

Cependant, bien que Louis XVIII fût le représentant de nos anciens rois et que l'état d'abattement dans lequel l'empire avait laissé la France permît aux alliés d'imposer à la nation un roi aussi absolu que Louis XIV, et même de rétablir les anciens priviléges seigneuriaux, ils crurent nécessaire de respecter, jusqu'à un certain point, les changements qui s'étaient opérés dans les idées du peuple français.

La Restauration, qui avait la prétention de restaurer l'ancien ordre des choses, ne fut, en réalité, que la reconnaissance forcée, l'affirmation et la consécration de la Révolution par ceux-là mêmes qui l'avaient combattue. La Restauration n'était que dans le mot, la consécration était dans les faits. La Révolution avait remué et fouillé profondément le sol sur lequel reposait l'ancien trône. La Restauration posa le trône à la même place sans consolider les bases, et un coup de vent l'emporta.

Afin de concilier deux choses incompatibles, elle inventa un expédient qui ne fut pas heureux, elle octroya une Charte. En d'autres termes, le roi se considéra toujours comme souverain absolu, mais il voulut bien assigner certaines limites à ses pouvoirs. Le peuple, qui d'ailleurs n'avait pas le choix, ne vit que la chose sans trop se préoccuper des mots; il accepta la Charte, qui reconnaissait une partie notable des conquêtes de la Révolution, sans exiger plus qu'il ne pouvait obtenir et sans chicaner sur le mot octroyé.

La Révolution avait mis à découvert une nouvelle couche sociale, appelée la bourgeoisie, que Napoléon avait exploitée; la Restauration toléra sa présence sans se servir d'elle. Le jour où la nation ne se sentit plus sous la férule des alliées, elle renouvela la revendication de ses libertés. La Restauration répondit à ces réclamations par des restrictions, et comme le peuple n'avait pas la faculté de manifester sa volonté par un vote, et comme, au surplus, cette volonté était méconnue par le pouvoir qui ne croyait qu'à la sienne, le peuple renversa le trône et exila ceux qui se prétendaient plus maîtres que lui.

Un homme de race royale, mais qui avait donné des gages non équivoques de son adhésion aux principes de la Révolution, se fit porter au pouvoir en s'appuyant surtout sur cette bourgeoisie que la Restauration avait dédaignée. Le fils de Philippe-Égalité monta sur le trône et consentit à gouverner avec une Constitution et une Chambre nommée par les électeurs qui payaient au moins deux cents francs d'impôts annuels. C'était bien le règne de la fortune, mais c'était aussi un acheminement vers le suffrage universel, un pas immense vers le principe de la souveraineté nationale. Comme les rouages essentiels de la machine gouvernementale étaient la Constitution et la Chambre, le peuple, toujours plus pratique dans son bon sens que méticuleux dans les mots, vécut à peu près heureux et content sous ce gouvernement bourgeois pendant dix-huit ans.

Mais, au-dessous de cette bourgeoisie, une autre couche sociale avait grandi. Elle prétendit que la fortune seule ne constituait pas le citoyen ; qu'au point de vue de la dignité humaine, celui qui ne possédait qu'une fortune immobilière, payant moins de deux cents francs d'imposition, ou une fortune plus considérable, mais entièrement mobilière, ou même celui qui ne possédait rien, avait les mêmes droits que celui que les hasards de la fortune avait favorisé. On réclama une extension des droits de suffrage, mais la royauté, qui se sentait menacée dans ses moyens d'action et dans son influence d'abord, et ensuite dans son existence par l'intervention de nouveaux arrivants dont les sympathies ne lui étaient pas assurées, refusa de consentir à la réforme demandée. Le peuple recourut aux seuls moyens que la royauté laisse à sa disposition ; il prit les armes. Louis-Philippe refusa de soulever la soupape et la chaudière éclata, emportant le mécanicien en exil. Le gouvernement provisoire, qui lui succéda, accorda le droit de suffrage à tout citoyen âgé de vingt et un ans, sans distinction entre nobles, bourgeois ou prolétaires, riches ou pauvres, instruits ou ignorants ; mais, à peine ce gouvernement du bon sens, de la raison et de l'équité, était-il établi, que déjà les partisans des anciens priviléges de la noblesse et du clergé, joints aux privilégiés de la fortune, menaçaient de le renverser. Un homme, qui avait flatté le prolétariat dans ses écrits et qui s'était posé en défenseur des droits des travailleurs, c'est-à-dire de la nouvelle couche mise à découvert par la Révolution de 1848, joua vis-à-vis d'elle le rôle que son oncle avait joué, cinquante ans plus tôt, vis-à-vis de la bourgeoisie. Il s'appuya sur elle pour s'élever et ensuite la trahir. Au lieu de travailler à lui donner les justes satisfactions qu'elle réclamait, il se posa en dompteur de fauve, en belluaire, et se servit d'elle comme d'un épouvantail pour obliger les autres classes à se mettre sous sa protection. De même que la restauration avait dû imaginer un expédient pour sauvegarder ce qu'elle appelait les droits et prérogatives en octroyant la Charte, de même que le gouvernement de Juillet s'était rapproché davantage de la souveraineté nationale en se soumettant à une Constitution, de même aussi Louis-Napoléon dut inventer une nouvelle machine gouvernementale qui lui permît de badigeonner le trône sans effaroucher la souveraineté nationale dont la puissance était aussi évidente que ses droits. On baptisa ce nouveau truc du nom de plébiscite, autrement dit, l'art de se faire confirmer par la menace et la peur dans le pouvoir dont on s'est préalablement emparé par ruse ou par violence.

Louis-Napoléon n'était certainement pas un de ces hommes qui s'imposent par des qualités transcendantes, mais il avait l'intelligence et tous les défauts nécessaires pour parvenir à ces succès de second ordre qu'on appelle la chance ou la réussite. Il était surtout doué d'une absence complète de sens moral.

Son coup d'Etat, préparé de longue main, fut un chef-d'œuvre de rouerie et de fourberie. Une longue expérience lui avait d'ailleurs dévoilé tous les secrets des conspirations, et son défaut absolu de sentiment, de pudeur et de sens moral, le rendait singulièrement apte à user de tous les moyens propres à lui assurer le succès. Il proclama par-dessus les toits qu'il était le seul et unique défenseur du suffrage universel et de la souveraineté nationale. Il attisa et entretint avec soin l'antipathie du peuple pour une assemblée qui ne justifiait que trop son impopularité. Après avoir distribué tous les hauts emplois à des créatures complices de ses ténébreux projets, il s'empara nuitamment de la souveraineté, à l'aide de quelques généraux achetés et d'une armée dont l'ignorance garantissait l'obéissance aveugle. En même temps, il se proclamait le restaurateur de l'ordre, du trône et de l'autel. Il persuadait à la nation qu'il l'avait sauvée d'un grand péril, et que pour achever son œuvre de sauvetage, il avait besoin des pouvoirs les plus étendus sans porter atteinte à la souveraineté nationale. Il enveloppait adroitement les pouvoirs qu'il demandait dans ceux qu'il affichait de protéger, et ne demanda ce qu'il voulait obtenir qu'après s'en être assuré la possession. C'est ainsi qu'il se proposait de renouveler la comédie aussi souvent et aussi longtemps qu'il le faudrait jusqu'à ce qu'une possession assez longue basée sur une apparence d'assentiment national cimenté par un abrutissement général, eût fait de lui le second César du Bas-Empire Français.

Mais, sans vouloir anticiper sur le rôle de l'histoire, bornons-nous à suivre le développement de notre sujet en étudiant la force irrésistible de la volonté nationale et de l'esprit humain.

L'empire, dès le commencement, promettait sans cesse de donner la liberté pour couronnement de l'édifice qu'il croyait avoir construit ; sa pensée était d'abord de consolider la dynastie napoléonienne et, lorsque ce point capital serait hors de toute discussion et passé à l'état de fait acquis, de suivre le courant de l'opinion publique, fallût-il l'exploiter et la corrompre pour s'appuyer sur elle et la consulter sous forme de plébiscite lorsqu'on saurait d'avance d'une manière certaine que sa réponse serait favorable ou après l'avoir placée dans l'impossibilité à peu près absolue d'en donner une autre. Ce qu'il voulait avant tout était de régner et de transmettre le pouvoir à ses descendants. Quelque peu louable que fût ce projet, il n'en constituait pas moins la reconnaissance formelle de la toute-puissance de l'opinion publique.

Plus tard, lorsque l'empereur sentit que son trône, au lieu de se consolider, tremblait sur sa base, il comprit la nécessité de le consolider par un système d'étaiement savamment combiné, c'est-à-dire par le plébiscite de 1870. Que demandait ce plébiscite ? Il faut soigneusement distinguer entre l'apparence et la réalité. En apparence, on demandait si la France voulait un empire libéral ou un empire autoritaire, et en réalité, comme on savait que le navire libéral couvrirait la marchandise impériale, on plaça dans le même navire, sans y attacher une grande importance, la transmission de la couronne sur la tête du fils et le droit de déclarer et de faire une guerre nécessaire pour confirmer la réponse.

Ne rappelons cette guerre funeste que pour jeter son souvenir comme un anathème à la mémoire du dernier empire, et pour rappeler combien les combinaisons les plus adroites des hommes ont peu de chances de succès et de durée lorsqu'elles ne sont pas inspirées par la justice, et combien sont éphémères les pouvoirs qui ne reposent pas sur l'assentiment du peuple et dont les tendances sont contraires à la marche du progrès.

L'empire s'écroula comme il s'était élevé, dans le sang et la boue. Chaque fois qu'une royauté s'écroule, la nation rentre en possession d'elle-même, et le pouvoir qui sort des ruines pour les réparer porte nécessairement le seul nom qu'on puisse lui donner, celui de République. Lorsque la France put être consultée, sous la pression des baïonnettes allemandes, elle nomma une Assemblée dont le mandat ne fut pas défini, mais dont la première mission était d'arrêter les progrès de l'invasion et l'effusion du sang. Par une singulière coïncidence, il se trouva que l'Assemblée choisie pour souscrire aux dures conditions imposées par un vainqueur impitoyable autant qu'insatiable, était en majorité royaliste. Etait-ce un jeu du hasard ou l'arrêt d'une volonté intelligente pour rendre plus évidente l'inanité de tous les efforts qu'on pourrait faire pour relever la monarchie? Aussitôt que l'Assemblée eut pris le temps de se reconnaître, l'arrêt de mort de la République fut irrévocablement prononcé; il ne s'agissait plus que de baptiser la future monarchie.

La culbute de l'empire était trop récente et trop douloureuse pour songer à lui, et d'ailleurs ses partisans étaient trop peu nombreux; ils ne devaient pas se montrer bien exigeants; une simple fiche de consolation devrait leur suffire. Le point essentiel était de mettre d'accord les légitimistes et les orléanistes. Ici encore la difficulté était facile à tourner. Puisque le chef de la maison d'Orléans était l'héritier naturel du représentant de la légitimité, le comte de Paris n'avait qu'à renoncer au pouvoir en tant que représentant de la royauté constitutionnelle, et à s'incliner devant le souverain légitime pour apparaître ensuite comme son héritier; il suffisait d'un peu de patience, et de savoir abandonner pendant un instant l'incertain pour le certain. Tel fut le but de la visite fameuse à Frohsdorf. On fusionna. Mais il faut croire qu'il y a un Dieu pour la Révolution. Malgré les droits indéniables et imprescriptibles du roi légitime sur son peuple (à son point de vue) pour rétablir ce pouvoir qui émane directement de Dieu, et que l'Eglise appelait de tous ses vœux et bénissait d'avance, les royalistes n'osèrent pas se passer d'un semblant d'assentiment national; il leur fallait la majorité, ne fût-elle que d'une voix, dans cette Assemblée nommée par le suffrage universel, pour rappeler l'envoyé de Dieu. On ne pouvait avoir cette majorité qu'avec le concours des impérialistes qui le refusèrent ou plutôt qui le mirent à un prix trop élevé. Il fallut trouver un expédient pour attendre une occasion plus favorable en gagnant du temps. C'est alors qu'on organisa ce pouvoir introuvable auquel on donna le nom barbare de septennat, qui n'était plus la République, mais qui n'était pas encore la royauté, et dont tous les points importants étaient gardés par des forces royalistes jusqu'au moment propice d'engager l'action. Sous la pression de l'opinion publique, l'assemblée se sépara après avoir tout préparé pour que le retour prochain de la royauté fût assuré, et notamment un pouvoir exécutif docile et un Sénat qui devait être le camp retranché de l'armée royaliste. Mais le Dieu de la Révolution veillait toujours. Il sema la zizanie dans ce camp dont les forces se neutralisaient. Il ne restait qu'à dissoudre la Chambre républicaine et à faire de nouvelles élections qui modifieraient la composition de cette Assemblée.

Mais l'attention du peuple souverain était éveillée, il resta impassible devant les menaces et les séductions, et le jour du vote il répondit d'une voix formidable qu'il était et qu'il entendait rester souverain.

Aujourd'hui, pour que la souveraineté nationale soit un fait pratique et définitif, il suffira que les prochaines élections donnent au Sénat, comme dans l'autre Chambre, la majorité à la démocratie.

Il se dégage de ce qui précède une vérité qu'on peut formuler ainsi :

Lorsqu'une chose est mauvaise en principe, tout ce qu'on fait pour l'améliorer contribue à l'affaiblir. Tout pouvoir personnel est l'antipode, l'ennemi de la souveraineté nationale; tout ce qu'il lui cède l'amoindrit et l'affaiblit et augmente d'autant la force de son antagoniste.

Le rôle du pouvoir monarchique qui est implanté est de toujours anticiper sur les droits du peuple, et le rôle de la démocratie est de revendiquer sans cesse, jusqu'à ce qu'elle soit rentrée en pleine possession de tous ses droits.

C'est pourquoi toute royauté, chez un peuple intelligent, est destinée à être renversée si elle résiste, ou à être évincée si elle cède tôt ou tard.

La République est le gouvernement naturel des sociétés ; elle ne cesse jamais d'exister en droit, et elle existe de fait jusqu'à preuve contraire, c'est-à-dire tant qu'il n'est pas constaté qu'une minorité quelconque, individuelle ou collective, s'est imposée à la masse par force ou par ruse, mais toujours par une usurpation criminelle que la masse a sans cesse le droit et le devoir de renverser. La monarchie n'est jamais devant la République que comme un nuage devant le soleil.

Nos rois ne sont pas tombés pour avoir fait trop de concessions aux principes proclamés par la Révolution, ils ont été renversés au contraire pour n'avoir pas su se résigner à accepter les conséquences de ces principes, parce qu'ils sentaient qu'elles les conduisaient fatalement à la République.

Si le régime impérial n'a pas été renversé par la nation elle-même, c'est parce que l'impérialisme la saisit à la gorge avec tant de vigueur que la pauvre victime n'échappe à cette étreinte homicide qu'avec le secours de l'étranger, au prix de son sang le plus pur, de son or et de ses membres mutilés.

Si le second empire n'avait pas été renversé par la guerre, il serait peut-être encore debout, menaçant et lézardé, comme ces bâtiments qui s'écroulent avant d'être achevés, parce qu'ils ont été posés sur un sol mouvant.

Napoléon III était descendu, pour régner, jusqu'au dernier échelon du pouvoir personnel avec l'espoir chimérique de monter insensiblement jusqu'au faîte. Il ne pouvait se maintenir qu'en faussant et sophistiquant le suffrage universel, en corrompant la force publique ou en énervant la nation, mais le jour où il aurait pris le suffrage universel au sérieux, il n'aurait plus rien été. Voilà pourquoi, au moment de sa chute, rien ne pouvait lui succéder que la République.

Que manquait-il en effet au régime impérial avec le suffrage universel pour base et le plébiscite pour moyen pour faire de lui un véritable gouvernement républicain? Bien peu de chose, presque rien; il suffisait de laisser les électeurs plus libres dans leur choix, et leur reconnaître le droit qui leur appartient de manifester leur opinion, même en ce qui concerne le choix du chef du pouvoir, à des époques déterminées.

La République a succédé à l'Empire aussi naturellement qu'une heure succède à une heure. Les révolutions n'ont fait que renverser des rois, la démocratie seule a fini par évincer la royauté; elle a détrôné le trône. Les hommes, dits du 4 Septembre, n'ont pas eu à proclamer la République, elle s'est proclamée elle-même, et les hommes dans la main desquels sont tombées les rênes du gouvernement n'ont été que ses serviteurs.

Cette fois, ce n'est pas une minorité qui impose la République, c'est la République elle-même qui s'est imposée à tous les partis, comme un maître que la ruse et la violence avaient expulsé de chez lui et qui rentre enfin en possession de ses domaines.

Avec l'Empire, la monarchie s'est éteinte comme une lampe qui manque d'huile. On pourra inscrire sur le champ de bataille de Sedan, à côté du mausolée consacré aux braves, morts en combattant, ce dernier souvenir d'une institution quinze fois séculaire : « Ci-gît la Royauté. »

La France est actuellement régie par une Constitution républicaine. Cette forme de gouvernement est l'application la plus directe du principe de la souveraineté nationale se manifestant par le suffrage universel.

D'un autre côté, la grande majorité des électeurs se dit catholique, de telle sorte qu'elle est censée accepter comme vérité absolue tout ce qu'enseigne le pape infaillible, représentant de Dieu sur la terre.

La base du gouvernement repose donc sur une majorité qui est présumée avoir des opinions républicaines et des croyances catholiques.

La République est-elle compatible avec le catholicisme? Un vrai catholique peut-il être républicain, et un républicain convaincu peut-il être catholique? En principe, non. La démocratie et le catholicisme sont deux ennemis irréconciliables. Leur existence simultanée n'est que le résultat provisoire d'un malentendu ou plutôt d'une espèce de trêve dans une lutte, jusqu'au moment où la logique inflexible faisant prévaloir ses droits imprescriptibles ramènera la nation au principe d'autorité, c'est-à-dire au gouvernement de tous par un délégué de la divinité, souverain absolu disposant de la personne et des biens de ses sujets, sous l'inspiration et la surveillance de l'Eglise, ou bien fera définitivement triompher le principe de la souveraineté populaire, non-seulement en fait, mais surtout en droit et par raison.

La démocratie, comme la légitimité, dit : Tout pouvoir vient de Dieu, mais pendant que la légitimité, d'accord avec l'Eglise, fait descendre le pouvoir directement du ciel pour le placer au-dessus du peuple, la démocratie soutient que Dieu, en créant l'homme destiné à vivre en société, lui a donné le droit de se donner les lois les mieux appropriées à ses besoins et de se choisir pour veiller à la bonne exécution de ces lois un mandataire toujours révocable dans les conditions et à des époques déterminées.

On se figure volontiers que la religion étant à proprement parler la science d'outre-tombe, le rôle de toute église devrait se borner à enseigner les choses qui traitent de la vie future et que le soin de poser les bases des constitutions pour le gouvernement des sociétés et de faire des lois pour régler les rapports de leurs membres, au point de vue purement temporel, devraient être du domaine exclusif de la philosophie. Mais en réalité il n'en est pas et il est difficile qu'il en soit ainsi, si on admet que la plupart des actions de l'homme ont une influence sur sa destinée future et que par la révélation Dieu lui a tracé la voie du salut, même en ce qui concerne les institutions et les lois. Aux yeux du vrai croyant toute la vie terrestre n'est que la préparation à la vie future.

L'histoire démontre que partout où le chef temporel n'est pas en même temps le chef spirituel du peuple, il y a lutte continuelle entre les deux pouvoirs, à moins que le souverain temporaire ne reconnaisse la suprématie de l'Eglise, c'est pourquoi pendant tout le moyen âge, les empereurs et les rois ont demandé l'investiture des papes, qui, au besoin, entraient en lutte avec eux, les dépossédaient et disposaient de leurs trônes. C'est pourquoi de nos jours l'Eglise, loin de renoncer au pouvoir temporel des papes sur une partie de l'Italie, fait au contraire de ce pouvoir l'objet d'une revendication continuelle, lance l'anathème contre quiconque ose soutenir que ce pouvoir temporel ne lui est pas indispensable, et aspire non-seulement à reconquérir cette domination limitée, mais encore à l'étendre sur toutes les nations.

Le catholicisme est avant tout fils de la révélation. La parole de Dieu est consignée dans les livres saints. Dans l'Ancien Testament Dieu lui-même, en personne, parle à Moïse et inspire les prophètes. C'est à peine s'il parle de la vie future, mais il traite avec un soin minutieux toutes les questions qui ont trait aux intérêts temporels. Dans le Nouveau Testament, ce n'est plus Dieu mais une fraction de lui-même qui se fait homme pour mieux enseigner les hommes et qui, après sa mort comme homme et sa résurrection comme Dieu et son ascension au séjour céleste, parle encore aux hommes par la bouche des apôtres. A l'inverse de Jéhova, Jésus-Christ abondonne complétement aux hommes le soin de leurs intérêts temporels et de leur gouvernement. Une seule chose le préoccupe, la vie future ; il ne donne pour toute règle de conduite que ce précepte aussi simple que beau : Aimez-vous les uns les autres, aimez-vous et faites ce que vous voudrez, parce que toute action inspirée par la charité ne peut être que sainte. Mais Jésus-Christ ayant dit qu'il n'était pas venu pour détruire la loi, mais pour la compléter, les chrétiens ne séparent pas l'Évangile de la Bible ; seulement le catholicisme s'inspire plutôt de l'esprit de l'Ancien Testament que de la pensée chrétienne.

Il est de toute évidence que la parole de Dieu ne peut être que l'expression de la vérité pure et absolue.

De là, la nécessité pour l'Eglise, gardienne et interprète au besoin de la révélation, d'anathématiser tout ce qui n'est pas en parfaite harmonie avec cette révélation, de n'admettre comme bien et vrai que ce que la révélation dit être vrai et bien, de considérer la raison humaine comme une flamme vacillante, et la conscience comme un guide incertain, en un mot de placer la révélation comme une borne que la raison et la conscience peuvent atteindre, mais qu'elles ne doivent jamais franchir.

De là aussi pour le catholicisme la nécessité de poser cette maxime : Hors de l'Eglise point de salut, et la nécessité non moins rigoureuse d'user de tous les moyens en son pouvoir pour amener les hommes dans les voies du salut, c'est-à-dire dans le sein de l'Eglise. En apparence, l'Eglise n'a pas de préférence pour une forme de gouvernement déterminée, ce qu'elle veut avant tout, c'est que le gouvernement quel qu'il soit subisse son influence, mais en réalité elle préfère infiniment le pouvoir absolu, parce qu'il se prête plus facilement à la réalisation de ses projets, et qu'entre la vérité religieuse révélée par Dieu et le pouvoir émanant de Dieu et consacré par l'Eglise, il y a une affinité, une sorte de parenté dont on ne retrouve nulle trace dans la souveraineté populaire. Les institutions modernes des nations de l'Europe et plus spécialement de la France sont filles de la libre pensée, c'est-à-dire de la philosophie.

La philosophie n'admet pas la révélation comme l'Eglise la comprend. Selon elle, Dieu se révèle à l'homme d'une manière permanente par la raison qui le guide dans la recherche de la vérité, par la conscience qui lui trace continuellement la voie du bien et par le cœur qui l'attire sans cesse vers ce qui est bon. Elle reconnaît que le champ de l'absolu est infini, que l'homme tend à la perfection par la perfectibilité dont il est doué et que ces guides lui suffisent du moins pour établir des Constitutions et des lois, toujours révisables et perfectibles, selon les besoins de la société qu'elles régissent.

Aux yeux du philosophe, la politique n'a rien à voir dans les croyances qui sont du domaine exclusif et purement spéculatif de la théologie; elle doit les placer toutes sur un pied de complète égalité, et les protéger de façon à ce que chacun puisse, dans la limite strictement nécessaire au maintien de l'ordre, exercer le culte de son choix.

Il n'y a pas dans la nature humaine une puissance supérieure à cette trilogie formée par la raison, la conscience et le cœur et capable de lui insposer comme vrai ce que la raison trouve faux, comme bien ce que la conscience trouve mal, comme bon ce que le cœur trouve mauvais. Cette prétendue puissance à laquelle on donne le nom de volonté n'est en réalité qu'un simple agent aux ordres de la raison. Non, l'homme n'est pas libre de croire ce qu'il veut et le mot libre-pensée est une expression vicieuse. Ce qui est vrai, c'est que la vérité s'impose à la raison comme le bien à la conscience et que ni l'un ni l'autre ne peut ni se soustraire à cette révélation directe, ni la modifier. Il ne dépend pas de l'homme de changer sa nature et de faire que sa raison ne soit pas souveraine, sa conscience libre et son cœur indépendant. Qu'il le veuille ou non, a dit Bayle, l'homme subit le joug de la raison dans tous ses actes, même dans ses actes de. foi où il s'efforce en vain de le secouer, car lorsque le croyant croit, c'est encore en vertu d'une opération de la raison. Et quand on dit, ajoute-t-il, qu'il faut s'en tenir au jugement de l'Eglise, n'est-ce pas revenir à la raison, car ne faut-'il pas que celui qui préfère le jugement de l'Eglise au sien propre le fasse en vertu de ce raisonnement : l'Eglise a plus de lumière què moi, donc elle est plus croyable que moi? C'est donc sur ses propres lumières que chacun se détermine, s'il croit qu'une chose est révélée, c'est parce que la raison lui dicte que les preuves qu'elle est révélée sont bonnes. Mais où en sera-t-on s'il faut que chaque particulier se défie de sa raison comme d'un principe ténébreux et illusoire? Ne faudra-t-il pas s'en défier lors même qu'il dira : l'Eglise a plus de lumière que moi, donc elle est plus croyable que moi ?

Ces simples paroles contiennent la démonstration la plus lumineuse qu'il soit possible de faire de la légitimité de la raison humaine ; toute bornée et impuissante qu'elle soit, elle n'en est pas moins le seul instrument de vérité que nous ayons ici-bas, et comme conséquence nécessaire, si l'empire de la raison sur l'homme est légitime, la pensée qui en est le produit doit être indépendante et sacrée. Pour comprendre comment les adeptes de la Foi basée sur la révélation ont pu résister pendant tant de siècles et résistent encore à un argument si clair et si concluant, il est nécessaire d'observer que toutes les religions se sont abritées dès le principe derrière ce rempart comme une armée dans une citadelle dont la raison a dû faire le siége.

Il ne faut pas oublier non plus que les croyances religieuses sont une question de sentiment et de tempérament autant que de raison, que comme le dit fort bien Pascal, le cœur a des raisons de croire que la raison ne comprend pas, et enfin, que la masse des croyants trouve infiniment plus commode, et tout aussi salutaire, d'accepter des croyances toutes faites de la bouche de ceux qui ont mission de les enseigner, que de soumettre des croyances au crible de la raison.

Aujourd'hui, la Révolution politique est donc un fait à peu près accompli, mais, ainsi que l'avons nous dit précédemment, la Révolution religieuse qui en est le corollaire indispensable n'a fait aucun pas et la nation se trouve dans la nécessité de choisir entre des institutions qui sont filles de la libre-pensée et qui sont l'application du principe de la souveraineté nationale, et des croyances qui reposent sur le dogme de la Révélation et de l'infaillibilité du chef de l'Eglise, qui opposent la Foi à la Raison et font un article de foi de la nécessité du pouvoir temporel du pape, de la suprématie de l'Eglise sur le pouvoir civil et presque une nécessité de premier ordre du gouvernement légitime d'un seul contre tous.

Pour prouver que cette opposition n'est pas une simple hypothèse, nous allons placer sous les yeux du lecteur quelques articles des plus essentiels de deux catéchismes qui contiennent : l'un, le résumé des principes sur lesquels repose la Constitution des Etats modernes et plus particulièrement de la France, et l'autre, le résumé des erreurs de notre temps contre lesquelles l'Eglise, par la bouche de son chef infaillible, lance ses anathèmes.

CONSTITUTION DE 1793

EXTRAIT DE LA DÉCLARATION DES DROITS DE L'HOMME

Art. 1er. Le but de la société est le bonheur commun. Le gouvernement est institué pour garantir à l'homme la jouissance de ses droits naturels et imprescriptibles.

Art. 2. Ces droits sont l'égalité, la liberté, la sûreté et la propriété.

Art. 3. Tous les hommes sont égaux par la nature et devant la loi.

Art. 4. La loi est l'expression libre et solennelle de la volonté générale.

Art. 5. Les peuples libres ne connaissent d'autres motifs de préférence dans leurs élections que les vertus et les talents.

Art. 6. La liberté est le pouvoir qui appartient à l'homme de faire tout ce qui ne nuit pas aux droits d'autrui ; elle a pour principe la nature, pour règle la justice, pour sauvegarde la loi. Sa limite morale est dans cette maxime : Ne fais pas à autrui ce que tu ne veux pas qui te soit fait.

Art. 7. Le droit de manifester sa pensée et ses opinions, le droit de s'assembler paisiblement, le libre exercice des cultes ne peuvent être interdits.

Art. 18. Tout homme peut engager ses services et son temps, il ne peut pas se vendre ni être vendu ; sa personne n'est pas une propriété aliénable.

Art. 25. La souveraineté réside dans le peuple, elle est une et indivisible, imprescriptible et inaliénable.

Art. 28. Un peuple a toujours le droit de revoir, de réformer et de changer sa Constitution. Une génération ne peut assujettir à ses lois les générations futures.

Art. 33. La résistance à l'oppression est la conséquence des autres droits de l'homme.

LETTRE ENCYCLIQUE DU PAPE PIE IX
DU 8 DÉCEMBRE 1864.

Extrait du résumé des principales erreurs de notre temps.

Erreur 4. Toutes les vérités de la religion découlent de la force native de la raison humaine ; d'où il suit que la raison est la règle souveraine d'après laquelle l'homme peut et doit acquérir la connaissance de toutes les vérités de toute espèce.

Erreur 15. Il est libre à chaque homme d'embrasser et de professer la religion qu'il aura réputée vraie d'après la lumière de la raison.

Erreur 16. Les hommes peuvent trouver le chemin du salut éternel, et obtenir ce salut dans le culte de n'importe quelle religion.

Erreur 18. Le protestantisme n'est pas autre chose qu'une forme diverse de la vraie religion chrétienne, forme dans laquelle on peut être agréable à Dieu aussi bien que dans l'Eglise catholique.

Erreur 24. L'Eg'ise n'a pas le droit d'employer la force ; elle n'a aucun pouvoir temporel direct ou indirect.

Erreur 39. L'Etat, comme étant l'origine et la source de tous les droits, jouit d'un droit qui n'est circonscrit par aucune limite.

Erreur 42. En cas de conflit légal entre les deux pouvoirs, le droit civil prévaut.

Erreur 55. L'Eglise doit être séparée de l'Etat et l'Etat de l'Eglise.

Erreur 63. Il est permis de refuser l'obéissance aux princes légitimes et même de se révolter contre eux.

Erreur 77. A notre époque, il n'est pas utile que la religion catholique soit considérée comme l'unique religion de l'Etat, à l'exclusion de tous les autres cultes.

Erreur 80. Le pontife romain peut et doit se réconcilier et transiger avec le progrès, le libéralisme et la civilisation moderne (allocution du 18 mars 1861).

Avant la révolution française, un autre peuple dont quelques années auparavant on soupçonnait à peine l'existence, avait fait, lui aussi, sa déclaration de principes dans les termes suivants :

Nous regardons comme évidentes par elles-mêmes les vérités suivantes : que tous les hommes sont créés égaux : qu'ils ont été doués par le Créateur de certains droits inaliénables : que parmi ces droits se trouvent la vie, la liberté, la recherche du bonheur ; que les gouvernements sont établis parmi les hommes pour garantir ces droits, et que leur juste pouvoir émane du consentement des gouvernés ; que lorsque une forme de gouvernement cesse d'atteindre à ce but, le peuple a le droit de le changer ou de l'abolir et d'établir un nouveau gouvernement en le fondant sur ces principes et en organisant ce pouvoir en telle forme qui lui paraît la plus convenable pour sa sûreté et son bonheur.

Ce mâle langage ne fut pas inspiré aux législateurs des États-Unis d'Amérique par les écrits des philosophes français avec lesquels ils n'eurent des rapports qu'à une époque postérieure, pas plus que la déclaration des droits de la Constituante ne procède de celle du congrès américain, et cependant ces deux grandes assemblées se sont trouvées d'accord sur tous les grands principes : toutefois elles ne donneront pas la même solution au problème religieux. Voici un article de la Constitution américaine : Le congrès ne pourra faire aucune loi relative à l'établissement d'une religion ou pour en prohiber une. Cette courte formule consacre et protége efficacement le principe de la liberté de conscience. La Constitution française porte : Nul ne doit être inquiété pour ses opinions religieuses, pourvu que leur manifestation ne trouble pas l'ordre public. Cette formule ouvre la porte à l'arbitraire. Depuis cette époque les Etats-Unis ont joui d'une paix que ne troublent guère les sectes innombrables toujours prêtes à s'entre-dévorer, mais on commence à entrevoir et appréhender le moment où les associations catholiques se serviront des immenses richesses qu'elles accumulent pour susciter de graves embarras au gouvernement.

Au surplus les besoins du peuple américain, froid et positif comme la race anglo-saxonne dont il descend, ne sont pas les mêmes que ceux des Français impressionnables et enthousiastes à l'excès et pour lequel les croyances religieuses sont un élément indispensable de vie.

L'erreur n'étant en définitive que le contraire de la vérité, on peut dire que l'Eglise affirme toutes les négations qu'elle condamne et réciproquement. D'où il résulte notamment que, « il n'est pas libre à chaque homme d'embrasser et de professer la religion qu'il aura réputée vraie d'après la lumière de la raison; « qu'on ne peut pas être agréable à Dieu dans le protestantisme; » que l'Eglise a le droit d'employer la force et un pouvoir temporel ; qu'en cas de conflit légal, le pouvoir ecclésiastique doit prévaloir ; que l'Eglise ne doit pas être séparée de l'Etat, ni l'Etat de l'Eglise ; qu'il n'est pas permis de refuser l'obéissance aux princes légitimes ; que la religion catholique doit être considérée comme l'unique religion de l'Etat à l'exclusion de tous les autres cultes, et enfin, que le pontife romain ne peut pas et ne doit pas se réconcilier et transiger avec le progrès, le libéralisme et la civilisation moderne. »

Qu'est-ce que le progrès avec lequel le pontife romain ne peut ni ne doit se réconcilier ? C'est le mouvement progressif ou plutôt l'amélioration des institutions politiques et sociales. Qu'est-ce que le libéralisme ? C'est un ensemble de doctrines favorables aux libertés politiques, de croyances faites pour diriger les hommes libres ; il a pour fondement la foi à la liberté humaine et au progrès. Qu'est-ce que la civilisation moderne ? C'est le produit, le fruit des institutions et des lois basées sur les principes proclamés par la déclaration des droits de l'homme ; ainsi compris le libéralisme, le progrès et la civilisation moderne constituent l'œuvre de la révolution de 1789. Ils ont pour fondement la suprémation de la raison ou liberté de la pensée, la liberté de conscience et la souveraineté du peuple.

Quelles que soient l'audace et la force du parti clérical, il ne parviendra pas à arrêter la marche de l'esprit humain, mais l'antagonisme qu'il s'obstine à susciter et entretenir entre des opinions politiques bien arrêtées et des croyances religieuses déjà sans consistance, est de nature à précipiter la nation dans l'indifférence, dans l'incrédulité, et par là, dans un matérialisme abject, signe certain ou plutôt cause déterminante de la ruine des nations, qui après avoir poussé jusqu'au raffinement leur civilisation matérielle, n'ont su conserver qu'à la surface les apparences des croyances qui entretiennent le désir et l'espoir d'un bonheur plus noble et plus parfait lorsqu'elles vivifient jusqu'aux pensées les plus intimes de l'homme.

Le véritable péril social, le voici :

Le catholicisme, par son principe même et par les tendances qui en découlent logiquement, par ses dogmes de plus en plus antipathiques à la raison humaine, par son âpreté à conquérir les biens de la terre, par ses prétendus miracles et ses apparitions puériles qui ne sont en réalité qu'un prétexte pour battre monnaie et entretenir le zèle, n'est déjà plus que la religion d'une armée plus bruyante que nombreuse, ayant pour chefs les fanatiques qui n'ont retenu des enseignements du Christ que ces paroles : forcez-les d'entrer, et pour soldats les pauvres d'esprit, les natures simples et les âmes tendres, à qui le besoin de croire fait accepter de confiance tout ce qui émane des ministres de la religion dans laquelle le hasard les a fait naître.

Par son obstination à vouloir forcer l'esprit humain à rester immobile, sinon à ne suivre que le chemin qu'il lui plaît de tracer, au lieu de s'appliquer à éclairer et diriger la marche de cet esprit humain, dans la voie providentielle qu'il parcourt én vertu d'une loi aussi immuable que celle qui préside aux évolutions des astres, le catholicisme se place de lui-même en dehors de la société ou plutôt place en dehors du cercle dans lequel il s'enferme et qu'il resserre de plus en plus une grande partie de la société. Il perd toute influence sur les avant-gardes, et le corps d'armée qui progresse, pour ne conserver quelque influence que sur les retardataires, pour ne pas dire les traînards.

A quelle religion appartient ensuite cette foule que le catholicisme abandonne ainsi à ses propres inspirations ? Celui qui pour une cause quelconque cesse volontairement d'appartenir à une église, rentre habituellement dans le sein d'une autre qui lui paraît meilleure, mais où vont ceux qu'une religion, par la proclamation de dogmes nouveaux, rejette de son sein ceux qui ne peuvent les accepter de bonne foi ; ceux qui se trouvent éliminés à leur insu par le déplacement du cercle et la restriction de l'enceinte que l'Eglise embrassait ?

Parmi toutes les religions dont l'histoire a conservé les préceptes, une seule a été favorable à l'émancipation de l'homme, de sa raison et de sa conscience, parce que sa morale, avant d'être celle d'une religion, était la morale humaine et qu'elle avait été écrite dans le cœur de l'homme avant de l'être dans les livres sacrés. Le libéralisme et le progrès sont les enfants, la quintessence de cette religion sublime, enseignée il y a 2000 ans, aux malheureux avides d'une transformation sociale, par le bon et doux Jésus de Nazareth, du christianisme dont le catholicisme actuel a la prétention de conserver l'esprit, la doctrine et la morale. *Heu mihi ! quantum mutatus !* La force irrésistible d'expansion du christianisme naissant était dans l'immense besoin de transformation qui agitait l'humanité et auquel il donnait satisfaction, du moins en principe, dans la mesure des aspirations de l'époque. Pour se maintenir à la tête de ce mouvement régénérateur qui emporte l'humanité avec toute la puissance d'une loi immuable édictée par le Créateur, le clergé n'avait donc qu'à demeurer chrétien, à s'appliquer sans cesse à développer cet esprit dans la société ; mais, loin de là, il a jugé plus sage d'enrayer le mouvement que de le diriger et aujourd'hui que la société a progressé et s'est transformée malgré lui, elle ne voit plus en lui qu'un ennemi qu'il faut combattre et vaincre si on ne veut pas se laisser vaincre et terrasser par lui. Il est incontestable qu'aujourd'hui l'Eglise catholique est tout à fait sous l'influence du jésuitisme.

Or, la double ambition de la société, image de son double caractère, à la fois laïque et monacal, a toujours eu pour objet d'allier la domination temporelle à l'autorité spirituelle, de constituer, enfin, un véritable pouvoir politique aussi bien qu'un ordre religieux.

Et, pour atteindre ce double but, elle ne recule devant rien, ni devant les monstruosités de l'Inquisition, ni même devant l'altération de la morale.

Peut-on encore espérer que le souverain pontife et le haut clergé se réconcilieront jamais avec le Libéralisme? Evidemment non, car cette réconciliation serait le bouleversement de ce catholicisme tel que l'ont fait les conciles et notamment celui qui a proclamé infaillible le pape qui a dit anathème au libéralisme et à la civilisation; elle serait la ruine de ce haut clergé, tel qu'il s'est organisé et qu'il entend demeurer. Cette partie dirigeante de l'Eglise est désormais trop éloignée de son point de départ vers lequel elle ne pourrait remonter que par une réforme trop radicale. Soumise bon gré mal gré aux lois inflexibles de la logique, elle a repoussé tous les hommes de valeur qui, tendant une main vers le christianisme et l'autre vers le libéralisme, ont essayé de leur servir de trait d'union et de les réconcilier. Nous n'en citerons que quelques-uns. Lamennais, Chateaubriand, Montalembert, Loyson et les plus illustres de tous, Victor Hugo et Lamartine, qui tous ont cessé d'être catholiques pour rester chrétiens. Malheureusement, la foule qui n'a ni le temps, ni les connaissances nécessaires pour séparer l'ivraie du bon grain, pour rester chrétienne en cessant d'être catholique, cette foule ne conserve que par habitude des croyances auxquelles elle n'est pas attachée, parce qu'elles ne sont pas enracinées profondément dans son esprit et dans son cœur, ou bien, chose plus triste encore, elle rejette en bloc tout ce qu'on lui avait enseigné du moment qu'elle s'aperçoit qu'il entre dans ses croyances une parcelle d'erreur.

Il est vrai qu'au-dessous de cet état-major du haut clergé qui ne demande qu'à se maintenir dans sa position qu'il trouve bonne et qui voit les choses de trop loin pour les apprécier, il y a cette cohorte de prêtres sortis des entrailles du peuple et chez lesquels l'esprit de domination n'a pas encore oblitéré le sentiment chrétien. La majeure partie de nos bons curés de campagne sait par une expérience de tous les jours et par son contact immédiat et continuel avec la population des villages qui forme les deux tiers de la population du pays, que moins le prêtre se mêle des questions d'administration et de politique, plus sont grandes la confiance qu'on a en lui pour les choses purement religieuses et son influence bienfaisante sur la moralité des âmes droites, avides de croyances sérieuses, mais ennemies de la superstition et de l'intolérance. La plupart de ces prêtres, en quittant le séminaire, sont animés de l'esprit rétrograde et dominateur que le haut clergé leur inculque dans ses maisons d'éducation et ses séminaires; mais cet esprit ne survit au contact et à l'étude du caractère et des aspirations du peuple,

que chez ceux qui aspirent à sortir du presbytère
rural pour devenir curés de villes ou tout au moins
doyens de cures cantonales. Quant au modeste curé
qui a pris sa mission au sérieux et ne demande qu'à
rester à la place que les chefs lui ont assignée et à y
faire tout le bien possible, celui-là vit de la vie de
ses paroissiens, partage leurs peines plus souvent
que leurs joies, leurs craintes et leurs espérances,
sans oublier jamais que, dans la paroisse voisine, à
quelques lieues de la sienne, il y a toute une famille
dont il porte le nom, composée de ses parents, de ses
frères et de ses cousins qui tous sont d'honnêtes travailleurs, redevables aux principes proclamés par la
Révolution de 1789 de leur modeste part aux soleils
et de la propriété des champs qu'ils cultivent.

C'est à cette partie saine et forte du clergé que le
gouvernement de la République doit s'adresser, c'est
sur lui qu'il doit s'appuyer en lui assurant une position plus indépendante qui lui permette de se proclamer ce qu'il est, le disciple de Jésus-Christ et l'ami
du peuple, le soutien de ceux qui fatiguent, le con-
solateur de ceux qui souffrent et le partisan dévoué
de toute réforme susceptible de rendre l'homme
meilleur et plus heureux.

C'est par la réunion des députés du clergé à ceux
du tiers-état que la Révolution de 89 a dû son premier triomphe sur le pouvoir absolu et sa cohorte de
privilégiés et posé les premières assises de cette civilisation moderne.

Toutefois, il serait imprudent de compter beaucoup
sur le concours du bas clergé catholique parce qu'il
est avant tout catholique. Le prêtre dont nous venons
de parler, n'est bon que lorsqu'il obéit aux inspira-

tions d'une bonne nature d'homme et de sa première éducation ; mais, en tant que prêtre catholique, façonné par l'instruction et soumis aux dogmes qu'il a acceptés avec toutes les conséquences qui en découlent, il doit à sa corporation et à sa conscience de prêtre de lutter dans la mesure de ses forces contre l'esprit moderne et de combattre les erreurs anathématisées par le pape, sous peine de devenir schismatique, c'est-à-dire de cesser d'être prêtre catholique.

Le clergé remarque avec douleur que les vocations ecclésiastiques deviennent de plus en plus rares et que, dans la plupart des diocèses, beaucoup de cures manquent de desservants. Faut-il aller chercher bien loin la cause de cette pénurie de curés de campagne ? Elle est bien simple et bien évidente. Si les rangs du clergé séculier s'éclaircissent, ceux du clergé dit régulier s'épaississent dans la même proportion. N'est-ce pas l'influence à peu près exclusive des Jésuites qui est prépondérante ? Or, les Jésuites ne forment pas de prêtres séculiers, mais des hommes destinés à combattre l'esprit moderne sur tous les champs de bataille et sous tous les uniformes, surtout sous l'uniforme militaire. D'un autre côté, il serait puéril de nier que la proclamation du dogme de l'Immaculée-Conception et plus encore de celui de l'infaillibilité du pape n'aient placé beaucoup d'hommes sincères dans l'impossibilité de rester catholiques, sinon en paroles. Croit-on que ces mêmes hommes puissent prendre l'engagement d'enseigner comme des vérités des dogmes auxquels leur raison refuse de se soumettre ?

Ainsi donc, envahissement du pays par des nuées de parasites dont l'unique mission consiste à réveiller le fanatisme et la superstition et à corrompre l'esprit public dans un but politique et, de l'autre côté, pénurie de véritables prêtres enseignant par la parole et l'exemple la véritable morale de Jésus-Christ, tel est le résultat acquis de l'influence jésuitique. Quelle sera, en définitive, l'issue de cette lutte acharnée qui se poursuit à travers les siècles entre les principes soi-disant révélés par la bouche de Dieu même à quelques hommes qui les ont consignés dans leurs livres saints et les principes inscrits par le Créateur au fond de la raison et de la conscience de tout homme qui vient en ce monde?

Oh! sans doute le résultat final n'est pas douteux, car il faut être aveugle pour ne pas voir dans le développement continu du libéralisme, du progrès et de la civilisation, malgré tous les obstacles et tous les anathèmes dont ils sont l'objet, l'accomplissement d'une loi divine. S'il était besoin d'une preuve palpable, les adversaires de la souveraineté nationale nous la fourniraient eux-mêmes.

Nous avons rappelé que Louis XVIII n'avait pu monter sur le trône qu'en jurant fidélité à la Charte, qui était une espèce de pacte entre lui et la nation, que Louis-Philippe s'était soumis à une Constitution faite par les représentants du suffrage universel restreint et que le second Napoléon, trouvant le suffrage universel établi et menacé, s'était fait son défenseur, et le consultait dans ses plébiscites en cachant avec soin les subterfuges et les falsifications qu'il lui faisait subir. N'était-ce pas toujours une reconnaissance formelle de la souveraineté de l'opinion publique?

Aujourd'hui, que fait le clergé à la tête de toute la phalange royaliste? N'ayant pas en main le pouvoir nécessaire pour dicter des conditions, ne disposant pas du suffrage universel pour le falsifier, sauf, quelquefois, sur certains points lorsque ses adeptes prétendent aux élections, ils vont à la racine même du mal pour l'extirper. Par la bouche infaillible de son chef suprême, il a jeté l'anathème sur le libéralisme afin qu'il soit bien entendu que le libéralisme est une chose abominable, et après ce cri de guerre, toute la phalange sacrée s'est mise en mouvement sous la direction habile du général des Jésuites. N'osant plus attaquer de front le suffrage universel, on travaille activement à modifier l'opinion publique de telle sorte qu'à un moment donné cette opinion consultée brûle ce qu'elle a adoré, le libéralisme, et adore ce qu'elle a brûlé, l'absolutisme, frère et protecteur de la Révélation. Les principales corporations par les tiers-ordres ont leurs agents secrets jusqu'au sein des familles. Là où l'on ne peut pas avoir des missionnaires ou des aumôniers on envoie des émissaires. Après s'être emparé presque entièrement de l'instruction primaire on a fondé des établissements qui donnent l'instruction supérieure ; puis, enfin, pour couronner l'escalade et compléter l'assaut donné à l'Université, on a obtenu le droit de fonder des académies et de conférer les grades qui propagent l'enseignement supérieur. C'est en façonnant ainsi des hommes destinés à répandre dans tous les rangs et dans toutes les classes de la société les principes du Syllabus qu'on espère refaire l'opinion publique. Et si l'on ajoute que toutes les communautés de femmes concourent à l'œuvre avec le dévouement que les femmes apportent dans ce qu'elles considèrent comme une bonne œuvre et que toutes les jeunes filles destinées à devenir mères de famille et comme telles appelées à inculquer dans l'esprit et le cœur des enfants les premières bases de l'éducation ; quand on songe surtout que la masse des électeurs par son ignorance, surtout en ce qui concerne les droits et les devoirs du citoyen, est susceptible de se laisser égarer à chaque instant, on se demande si le cléricalisme ne sera pas bientôt en mesure de faire éclater la mine qu'il creuse sous le suffrage universel et de faire écrouler l'édifice de la souveraineté nationale par la base.

Le revers de la civilisation matérielle est l'abus qu'il favorise des plaisirs de la vie. Si la facilité de satisfaire ces jouissances n'est pas modérée par des croyances religieuses, le peuple court grand risque de tomber dans un matérialisme abrutissant et destructif de toute vitalité morale et physique.

L'histoire nous apprend que les nations qui ont été les plus florissantes ont disparu de la scène du monde au moment où les idées religieuses n'avaient plus assez d'empire sur les âmes pour entretenir cet espoir et cette confiance en une autre vie, qui est la base nécessaire de toute morale et de toute vertu.

Voilà où nous a conduits cette altération, cette falsification du christianisme dont on a fait le catholicisme ultramontain. Celui qui s'abandonne à lui devient l'ennemi de son pays, l'ennemi de sa raison, l'ennemi de sa liberté, l'ennemi de soi-même. Celui qui se soustrait à son étreinte marche droit vers la dégradation par l'oubli de toutes les croyances religieuses.

Au seizième siècle ceux qui, frappés des abus qui s'étaient introduits dans l'Eglise, demandèrent des réformes, furent simplement rejetés de son sein ; ils cessèrent d'être catholiques, mais le besoin de pratiquer leurs croyances leur fit trouver une organisation religieuse qui les préserva de l'irréligion et de l'indifférence.

Les grands penseurs qui ont préparé la Révolution ne se sont pas bornés à combattre les vices de l'organisation sociale de leur époque, ils ont compris la nécessité de modifier les idées religieuses du peuple pour compléter son émancipation et le soustraire à la domination de l'Eglise en même temps qu'à celle du pouvoir absolu et de son complice inséparable, la noblesse privilégiée.

Les hommes de la Révolution, malgré l'appui qu'ils avaient trouvé momentanément dans une partie du clergé au moment de l'ouverture des Etats généraux, ne tardèrent pas de reconnaître que le principal obstacle à leur œuvre de régénération était le clergé catholique. Ils lui imposèrent une Constitution qui n'eut d'autre résultat que de rejeter hors de l'Eglise les prêtres assermentés et de poser en martyrs les prêtres réfractaires.

Le catholicisme libéral dont on parle de nos jours ne serait qu'un alliage de deux éléments qui se détruisent, non-seulement parce que le chef de la catholicité a anathématisé le libéralisme de sa bouche infaillible, mais avant tout parce que l'essence du catholicisme est anti-libérale et qu'il n'est pas plus possible à un homme d'être libéral et catholique en même temps, que d'être à la fois juif et chrétien.

Quelques hommes d'une très-grande valeur intellectuelle et morale, effrayés par la perspective du nombre considérable de catholiques que la proclamation du dogme de l'infaillibilité du pape allait jeter hors de l'Eglise, et priver de toute direction et de culte, se sont imaginé qu'on pouvait régénérer le catholicisme en élaguant seulement ses dernières branches. Ils ont essayé d'organiser ce qu'ils appellent le vieux catholicisme.

On a pu voir que cette généreuse utopie n'a aucune chance de succès, surtout en France où, grâce aux abus du catholicisme et aux excès d'une philosophie qui n'a rien trouvé de mieux que l'athéisme et le matérialisme à opposer à la simonie et aux superstitions, la lèpre de l'indifférence a déjà fait des ravages profonds.

Ce remède est trop radical, en ce qu'il crée un véritable schisme qui nécessiterait l'organisation d'une nouvelle Eglise; il ne l'est pas assez parce qu'il ne va pas jusqu'à la racine du mal qu'il prétend guérir, ce mal remontant à l'origine même du catholicisme par la fausse interprétation que les Pères de l'Eglise ont faite de la doctrine de Jésus-Christ.

Le dix-huitième siècle a résolu la moitié du problème de la transformation sociale par l'application du principe de la souveraineté du peuple dans les institutions politiques; au dix-neuvième siècle s'impose la tâche de compléter l'œuvre en mettant en harmonie les opinions politiques et les convictions religieuses.

Le christianisme, à son début, était trop idéal pour être compris des masses. Ce n'est qu'avec une peine infinie que Jésus parvenait à se faire comprendre de ses propres disciples. Comme il n'organisait l'ordre et la vie morale des sociétés qu'en vue d'un autre monde qui pour lui était la seule réalité, il dut faire abstraction de l'ordre politique tout entier qui n'est organisé qu'en vue de celui-ci.

Le catholicisme avec ses pompes, sa discipline et ses dogmes précis comme des formules algébriques et son immixtion dans les questions de souveraineté, fut dès le début, un agent puissant de civilisation ; il constituait un progrès réel sur l'état des peuples païens et barbares auxquels il apportait la bonne nouvelle.

Son malheur est d'avoir été une religion révélée, c'est-à-dire d'être entré de plein pied en possession de la vérité qui ne souffre aucun perfectionnement, tandis que l'esprit humain, en suivant sa marche normale, l'a laissé tellement en arrière qu'à l'heure présente, ils semblent être aux antipodes l'un de l'autre.

Aux Etats-Unis d'Amérique, le progrès suit sa marche sans se préoccuper de la religion. En Europe, elle tient encore les pouvoirs en éveil, et les oblige de compter avec elle, mais néanmoins, ici comme là-bas, la civilisation poursuit son cours, et bientôt le catholicisme sera tellement distancé que ses anathèmes à la civilisation, au progrès et au libéralisme seront tout à fait inoffensifs.

Peut-être serait-il téméraire et oisif de chercher, à propos d'une simple question d'actualité, à prévoir quelle sera cette religion de l'avenir, complément de l'œuvre essentielle de la Révolution. Cependant ce problème n'étant pas entièrement en dehors de notre sujet, nous allons essayer de projeter sur les profondeurs de cet avenir un rayon de la lumière que fournit le passé.

En créant l'homme, Dieu l'a organisé de telle façon qu'il se suffise à lui-même et qu'il puise dans sa propre nature tout ce qui est nécessaire à la satisfaction de ses besoins, de tous ses besoins.

Vers quel but tend la société ? Nous l'avons dit : à la perfection par la perfectibilité. Le premier obstacle au développement du progrès est le pouvoir personnel qui ne peut se maintenir que par des restrictions aux manifestations de la Liberté. Le second est la révélation qui étouffe la raison, obstrue la conscience et paralyse la pensée.

Sur une grande partie du globe, le gouvernement de tous par tous s'est déjà substitué au pouvoir personnel. Sur une grande partie encore, la raison et la conscience humaines tendent à se substituer à la révélation, et la libre-pensée à la foi. Il n'est nullement nécessaire d'être doué du don de prophétie pour prévoir que, chez ces mêmes nations, le triomphe de la raison sur la révélation n'est pas très-éloigné, et si la France ne tient pas le premier rang dans l'ordre des faits, elle le tient incontestablement dans l'ordre des idées.

La révélation est-elle nécessaire à la religion, et la raison est-elle exclusive de toute croyance religieuse ? Nullement. Elle admet comme suffisamment évidente et comme faisant d'ailleurs partie intégrante de la nature humaine la croyance en un Dieu créateur, en l'immortalité de l'âme et à la nécessité du mérite et du démérite, et par conséquent des peines et des récompenses comme sanction du libre arbitre. Ces vérités essentielles sont le fondement de toutes les religions, et si la philosophie ne les admet pas comme des vérités suffisamment prouvées et démontrées, elle les admet comme des axiomes qui ne se démontrent pas. Elles ont assez de séve et de vertu pour remplir le rôle de la religion dans l'humanité, c'est-à-dire pour consoler l'homme dans les peines, inspirer sa conduite dans ses rapports avec ses semblables et entretenir dans son âme l'espoir qu'après avoir subi dignement l'épreuve de la vie, il jouira enfin de ce bonheur vers lequel il aspire, et dont la privation fait le tourment de cette vie.

Si chaque individu n'est responsable que selon les lumières de sa raison et les inspirations de sa conscience, parce qu'il serait contraire à la justice de lui imputer à crime des erreurs de bonne foi, on pourra toujours considérer comme vrai et bien ce qui sera admis comme tel par tous, c'est-à-dire par la raison et la conscience universelles.

Mais à l'heure actuelle, l'émancipation de l'esprit humain au point de vue religieux, n'est pas encore assez grande pour que cette religion naturelle suffise à une nation ; il lui faut un culte, et par conséquent des prêtres et des églises, mais un culte dégagé de momeries et de simonies, et des prêtres sachant se renfermer dans leur rôle purement religieux ; il faut des dogmes, mais des dogmes dégagés d'idolâtrie et de superstitions et enfin une morale qui ne froisse jamais la conscience et dont la morale chrétienne doit être la base et le type le plus parfait, en attendant un nouveau réformateur, lorsque les progrès de l'esprit humain auront rendu nécessaire l'avénement d'un de ces puissants génies dont le rôle est de résumer en un corps de doctrines accessibles aux esprits les moins cultivés les découvertes vagues et éparses de la philosophie, tout en éclairant pour des siècles la marche de la civilisation à venir.

A chaque jour suffit sa tâche pour chaque individu ; chaque nation accomplit la sienne dans un siècle ou une série de siècles formant une époque : la tâche de la nation pour l'époque actuelle, est de mettre ce qui a rapport aux croyances en harmonie avec les institutions nouvelles.

Les besoins de l'esprit public sauront se faire jour, le progrès suivra sa marche, et les représentants du peuple sauront trouver la solution du problème à résoudre.

Cependant, la certitude que cette solution sera un nouveau pas vers l'affranchissement de la raison et de la conscience est mélangée d'une crainte.

De même que la véritable démocratie doit se maintenir à égale distance entre le pouvoir personnel et son ennemi non moins mortel, la démagogie, de même aussi la religion doit se prémunir avec un soin égal contre l'invasion de la politique et l'indifférence.

Le pouvoir personnel est mort, sinon enterré, la démagogie a été terrassée dans la lutte de la Commune contre la représentation nationale, bien que la faiblesse de ce pouvoir impopulaire fût un puissant élément de force pour son adversaire. Le fanatisme n'a plus de force que pour s'agiter avec infiniment plus de bruit que de succès, malgré quelques empiétements qui auront pour résultat de hâter sa ruine en dévoilant ses projets. Gardons- nous maintenant de tomber de l'indifférence dans l'incrédulité. C'est là le véritable péril, et c'est sur lui que nous appelons l'attention de tous les hommes de bonne volonté et plus particulièrement du gouvernement et des membres du clergé que n'aveugle pas l'esprit de parti, et qui placent avant tout le bien du pays.

RÉSUMÉ

La révélation a fait le catholicisme immuable, exclusif, intolérant et ennemi de tout progrès.

Le jésuitisme, en lui imprimant une tactique tortueuse et sournoise, et en altérant sa morale primitive, l'a rendu antipathique aux natures droites et honnêtes.

Le cléricalisme, par sa turbulence tapageuse, ses manifestations bruyantes, ses innovations puériles qui réjouissent les ennemis du catholicisme autant qu'elles affligent les hommes sincèrement religieux, et ses prétentions hautement affichées à l'asservissement du pouvoir civil, a fait de son culte un sujet de risée, et de mépris, et de ses empiétements un sujet de crainte et un ferment d'hostilité.

Chaque décision des conciles a été un acheminement vers une nouvelle idolâtrie ; les dernières semblent n'avoir eu pour but que de porter un suprême défi à la raison et d'accentuer davantage l'antipathie de l'Église pour tout ce qui tient à l'élément populaire dans l'organisation des pouvoirs.

Pour ressaisir l'influence qui lui échappe, le clergé s'agite afin de modifier l'opinion publique dont il est obligé de reconnaître la puissance malgré son dédain pour elle, de refaire la Société par l'éducation de la jeunesse, à son image et selon ses principes.

D'un autre côté, le peuple, dont l'instruction a

développé l'intelligence et dont le progrès a amélioré l'existence ; le peuple, qui a puisé dans la pratique de la Liberté le sentiment de sa valeur et de ses droits, qui a organisé sur les bases des principes posés par la Révolution de 1789 une société nouvelle plus conforme à ses besoins naturels et dans laquelle il se complaît, sent que cet édifice est en butte aux attaques continuelles d'une armée d'autant plus puissante qu'elle est parfaitement organisée, disciplinée et qu'elle puise une force redoutable dans sa conviction, qu'elle combat pour une cause qu'elle considère comme noble, méritoire et sacrée.

Aussi longtemps que cette lutte a été circonscrite dans le champ des principes abstraits, entre les théologiens et les philosophes, la masse du peuple a pu conserver à peu près intactes des croyances religieuses qui, n'ayant pas, comme à présent, la précision des formules algébriques, laissaient à chacun la faculté de suivre les inspirations de sa nature et les inclinations de son tempérament ; mais, depuis que la Révolution a fait à ses institutions, l'application de ses théories, depuis surtout que le Syllabus du pape infaillible est venu se placer carrément en face de la proclamation des droits de l'homme pour la maudire et lui déclarer une guerre d'extermination, chacun a compris la nécessité rigoureuse de prendre parti pour l'un ou l'autre des deux adversaires en présence, et a pu le faire en parfaite connaissance de cause.

Aujourd'hui la mêlée est devenue générale, et tous, sans exception, y prennent part, depuis le souverain pontife jusqu'au pauvre infirme qui demande la guérison de quelque maladie incurable, à un miracle ou à un pèlerinage ; depuis le grand penseur dont le génie jette des éclairs de lumière sur la marche de l'esprit humain, jusqu'au simple électeur qui ne sait pas même lire le nom du député auquel il délègue sa part de souveraineté.

C'est à tort que quelques catholiques, par un excès de prudence, soutiennent que le but du clergé n'est pas de détruire les résultats de la Révolution. Cette affirmation serait un mensonge si elle n'était pas une illusion. Si le cléricalisme venait à triompher, le principe d'autorité serait rétabli dans un pouvoir personnel et absolu soumis à l'influence du clergé, le suffrage universel, organe de la souveraineté nationale, serait supprimé et la société serait reconstituée telle qu'elle était avant 1789, sauf peut-être quelques modifications qui ne changeraient rien au fond des choses.

La logique et la franchise veulent qu'il soit bien entendu que par la force même des choses, tout catholique est l'ennemi de la Révolution et que tout républicain est l'adversaire du catholicisme.

On ne trouve dans l'histoire de l'humanité nulle trace d'une situation pareille, d'une religion en lutte ouverte et déclarée avec la majorité de ses fidèles.

Les faits sont là pour prouver avec la plus grande évidence que si l'Église peut enrayer pendant un instant la marche progressive de l'esprit humain, elle ne saurait l'arrêter, pas plus que ses décisions n'ont empêché la terre de se mouvoir autour du soleil ; mais, nous le répétons avec un sentiment de sincère et profonde douleur, cette situation cache dans ses flancs un péril mortel.

Déjà le scepticisme a fait place à l'indifférence ;

l'incrédulité cède la place à l'impiété ; bientôt le matérialisme abject et l'athéisme insensé règneront en maîtres sur la société en décomposition, si des croyances en harmonie avec les lumières de la raison et les progrès de la science ne viennent pas se placer comme un phare dans la nuit qui obscurcit la marche de l'esprit humain. Voilà le véritable péril social.

Oui, le véritable péril social, le voilà ; et ce péril, loin de le conjurer, la quasi-déification de Marie et du pape, l'adoration d'un Cœur Saignant, les apparitions de Vierges déguisées en grandes dames, les miracles sur commande, les pèlerinages accompagnés de chants guerriers, les prédications acerbes, les airs provocateurs et les cris belliqueux du clergé ultramontain, ne font au contraire que de l'aggraver. Tout ce que le clergé gagne dans le domaine temporel il le perd en sympathie, en confiance et en influence sur les âmes.

Dieu veuille que la démocratie, après avoir brisé les entraves que lui oppose le catholicisme, se maintienne sous l'égide tutélaire et vivifiante du véritable christianisme.

FIN

Paris. — Typ. N. Blanpain, 7, rue Jeanne.

www.ingramcontent.com/pod-product-compliance
Lightning Source LLC
Chambersburg PA
CBHW061407060726
47597CB00003B/995